营配本质贯通
建设与应用

主编◎丁　晓

参编◎许道强　朱　海　邹云峰　邓君华　周红勇
徐　超　宋剑枫　夏　冬　戴　苏　邱文伟
吴　波　陈　琛　唐婧璇　马玉龙　谢高硕
姜卫东　毛维杰　刘昌明　刘　陈

中国电力出版社
CHINA ELECTRIC POWER PRESS

内 容 提 要

营配贯通是企业精益化管理提升的根基之一，国家电网有限公司首次开展了基于企业级中台的营配本质贯通建设，从数据同源、业务贯通、资源上图、深化应用四大方面，构建了跨专业营配一体化应用新模式，实现“模型一体化、数据一个源、业务一条线、电网一张图”。

本书是营配本质贯通建设的经验总结及成果汇编，为电网企业营配贯通深化应用提供指导与借鉴，共同推进营配贯通的架构中台化、数据价值化、业务智能化，助力电网企业加快全面数字化转型，服务经济社会发展和人民美好生活。

本书适用于电网企业营销、生产、调度等专业的相关人员。

图书在版编目（CIP）数据

营配本质贯通建设与应用／丁晓主编 .—北京：中国电力出版社，2022.11
ISBN 978-7-5198-7299-1

Ⅰ．①营…　Ⅱ．①丁…　Ⅲ．①电力工业－工业企业管理－研究　Ⅳ．① F426.61

中国版本图书馆 CIP 数据核字（2022）第 229487 号

出版发行：中国电力出版社
地　　址：北京市东城区北京站西街 19 号（邮政编码 100005）
网　　址：http://www.cepp.sgcc.com.cn
责任编辑：黄晓华　刘丽平　张冉昕
责任校对：黄　蓓　常燕昆
装帧设计：郝晓燕
责任印制：石　雷

印　　刷：北京九天鸿程印刷有限责任公司
版　　次：2022 年 11 月第一版
印　　次：2022 年 11 月北京第一次印刷
开　　本：710 毫米 ×1000 毫米　16 开本
印　　张：11.75
字　　数：171 千字
印　　数：0001—1500 册
定　　价：68.00 元

前　言

能源是人类文明进步的基础和动力，能源领域发展攸关国计民生和国家安全。2020年我国在第七十五届联合国大会上作出碳达峰、碳中和的郑重承诺，2021年中央财经委第九次会议提出要构建以新能源为主体的新型电力系统，明确了“双碳”背景下我国能源电力转型发展的方向。

电网连接能源供给与能源需求两侧，是能源转换利用和输送配置的枢纽平台，是电力系统的核心组件。实现“双碳”目标，能源是主战场，电力是主力部队，电网是尖刀排，随着新型电力系统建设深入推进，电网的作用将更加突出，电网企业的责任将更加重大，作为特大型国有重点骨干企业，国家电网有限公司（简称国家电网公司）是保障能源安全的稳定器、压舱石，关乎国家能源安全和国民经济命脉，在我国能源系统中举足轻重，在构建新型电力系统中肩负着不可推卸的重要责任与使命。

2022年国家发展改革委、国家能源局发布的《“十四五”现代能源体系规划》（发改能源〔2022〕210号）指出“能源系统多元化迭代蓬勃演进，能源系统形态加速变革，互联网、大数据、人工智能等现代信息技术加快与能源产业深度融合。智慧电厂、智能电网、智能机器人勘探开采等应用快速推广，无人值守、故障诊断等能源生产运行技术信息化智能化水平持续提升”。国家层面的要求和部署为电力行业高质量发展指出方向，国家电网公司提出提高电网数字化水平是构建新型电力系统、促进能源清洁低碳转型的现实需要，是数字经济发展的必然趋势。

电网企业在新的历史时期面临着来自国际竞争、国家发展、社会责任、客户需求以及行业变革等多层面挑战。首先，电网企业要提供优质的电力供应，服务社会经济平稳发展；其次，作为大型央企，服务新能源发展是一项重大政治任务和社会责任；最后，企业自身各项经济运营指标也不容忽视；还有，随着社会经济水平的不断提高，用电客户对供电质量和服务水平的要求也在不断提升。面临如此复杂局面，电网企业唯有加快电网建设、加强统一调度、扩大交易规模、加强技术创新，通过管理质量提升强化核心竞争力才能不断适应挑战。

营配本质贯通通过电网、客户数据资源共享和跨专业业务协同提升电网企业精益化管理水平，是电网企业管理创新、技术创新的结合，是整合并利用企业内部技术资源的重要措施，是提升企业精益管理水平的必经之路。

本书共分为六章，第1章营配本质贯通概述讲述了什么是营配本质贯通、为什么要实施营配本质贯通、近年来营配贯通工作发展历程与成效，以及当今数字化发展趋势对营配本质贯通工作提出的新要求。第2章营配本质贯通建设讲述了信息系统层面的营配本质贯通建设原则和工作要点、重点。第3章营配业务本质贯通实践讲述了基于中台技术，营配本质贯通具备的企业级业务服务能力。第4章营销服务一张图应用实践讲述了基于GIS地图，营配本质贯通具备的能力及应用实践。第5章营配本质贯通深化应用讲述了营配本质贯通在数字化转型趋势下业务深化应用场景与成效。第6章营配贯通精益化管理提升列举了电网企业出台的配套管理措施及成效。

由于本书准备仓促，文中若有疏漏、错误及过时之处，请各位读者批评指正。

编　者

2022年11月

目 录

1 营配本质贯通概述

1.1 营配本质贯通介绍

1.1.1 营配本质贯通的概念

在电力系统中，发电厂是电能的生产者、供给者，在电力系统处于起始端。发电厂生产的电能经变压器升压后送入输电线路，电能经过一定距离传送后，通过各级变电站变压后送入配电网，配电网由配电线路及相关设备组成，负责将电能传送至客户，客户与配电网之间一般安装电能计量装置以采集用户用能情况，电力系统基本框架示意图如图1–1所示。

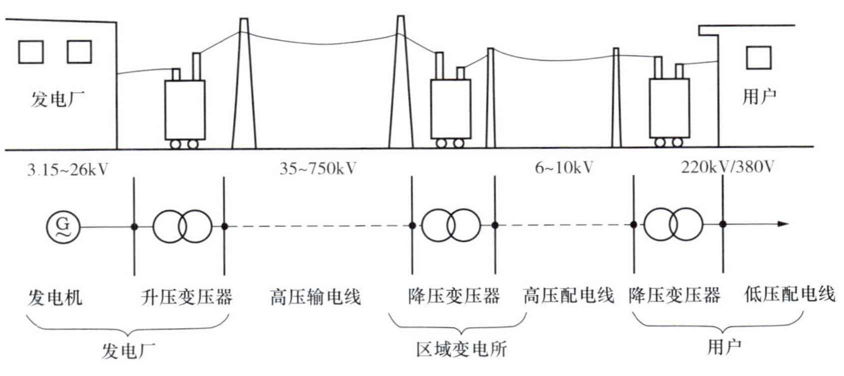

▲ 图1–1 电力系统基本框架示意图

在国家电网公司业务信息化从无到有、由小及大的发展的过程中，网省、地市不同层级单位的营销、生产部门分别构建了各自的专业系统，实现业务管理，比较有代表性的是设备资产精益管理系统、营销业务应用系统、电网GIS空间信息服务平台等。

营销业务应用系统（简称营销系统）：营销系统以用电客户为核心，侧重于客户服务、电能计量、电费管理等营销业务的专业化管理，通过建立全面的业扩报装、95598业务处理等相关业务管理流程，更好地为客户提供各类服务，提高客户满意度。营销系统的主要功能包括客户服务与客户关系管理、电能计量及信息采集、电费管理、市场与需求侧管理、综合管理等。

设备资产精益管理系统（简称PMS系统）：PMS系统是面向国家电网公司总部、省（市）公司及各级运维检修单位的统一业务系统，以资产全寿命管理为主线，状态检修为核心，优化关键业务流程，深化与ERP、调度管理系统、营销系统的集成，建立统一、高效、集约的运维检修管理信息化平台，实现对操作层、管理层、决策层业务能力的全覆盖，支撑运维一体化和检修专业化。其主要功能包含标准管理、电网资源管理、实物资产管理、运维检修管理、水电运维检修管理、配电网运维指挥管理、配电网故障抢修、技改大修管理、综合生产计划、备品备件管理、工器具及仪器仪表管理、生产服务用车管理、生产绩效管理、状态检修管理等。

电网GIS空间信息服务平台（简称电网GIS平台）：电网GIS平台是构建在SG186工程一体化平台之内，实现电网资源的结构化管理和图形化展现，以面向服务的架构为各类业务应用提供电网图形和分析服务的企业级电网空间信息服务平台。电网GIS平台与业务应用系统之间以松耦合方式实现相互调用、互为补充。按照电网GIS平台的平台定位及各业务应用需求，将电网GIS平台的总体功能架构划分为电网资源图形维护、空间信息服务、典型应用框架、高级应用及平台支撑应用五部分。

思极地图：思极地图定位于企业级国网云平台中的SaaS地图服务，聚焦能源领域专业地图产品，满足基于地理大数据的数字化、可视化及数据分析应用需求。产品在基础定位、导航、基础地图、搜索等基础能力上具备互联网地图同等能力；在行业关注的地域上的矢量、影像数据覆盖更全面，具备多年期历史数据回现能力；同时融合了能源领域的各类资产、设备设施要素，信息更为丰富；在私网模式下构建独立的安全体系，能够满足企业数据保密和测绘法规要求。

进入正题，什么是营配本质贯通？简单的说，“营”是指营销业务，“配”是指配电网业务（后延展至输电、变电等电网运维全业务），本质是指通过中台间业务同根、数据同源、服务共用实现基于数据源和业务链的共享融合。

营配本质贯通是指通过统一电网模型、营配同源维护、数据汇聚共享等技术手段，将营销、生产两个专业信息系统的基础数据予以共享，通过工单驱动业务，将营销、生产业务流程予以贯通，实现电网与营销资源的设备信息一致与拓扑关系连通，电力营销、电网生产及故障抢修等业务协同高效运转。具体可分业务维度和技术维度分别描述：

（1）业务维度：通过营销系统和PMS系统的有效集成，整合电网设备资源与营销业务资源信息，实现电网企业跨部门、跨专业的数据共享与业务融合，消除数据壁垒，优化业务流程，减少冗余环节和线下环节，对外提供高协同度服务，提高一线工作效率，提升公司优质服务水平。

（2）技术维度：以低压计量箱及用户专用变压器为集成点，实现PMS系统、营销系统中的变电站、线路、变压器等电网设备与用户设备拓扑贯通，将现场的变电站、线路、变压器和计量箱等设备通过地理GIS“一张图”的形式展现，为生产、营销业务应用提供一体化的信息支撑，如图1–2所示。

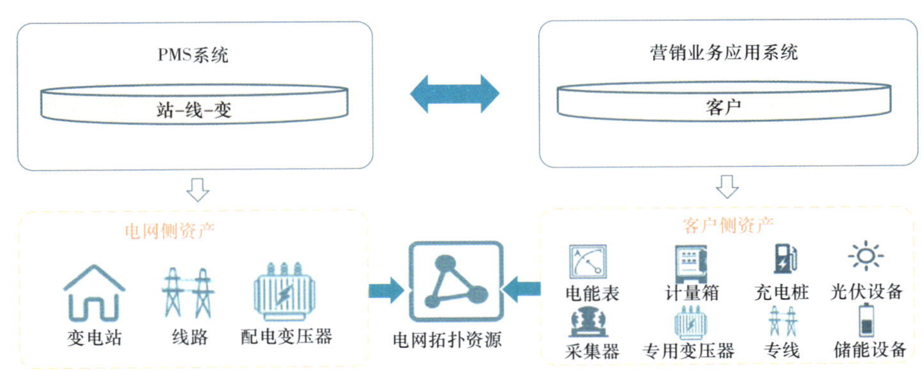

▲ 图1–2 营配集成示意图

1.1.2 营配本质贯通的必要性

1. 营配本质贯通是实现能源互联网的有效途径

随着国家电网公司管理提升工作的全面开展，“数据资产”逐步成为企业核心资源，数据共享与业务融合成为支撑公司业务发展和管理提升的必然要求。国家电网公司对“消除信息壁垒，共享企业数据资源”做了专题研究，要求“加快公司数据共享和业务融合，为公司建设‘两个智能’提供支撑”。但是由于营配调系统模型不唯一、编码不统一、数据质量不高、共享意识不强等原因，长期以来制约营配调基础数据共享和业务融合，只有解决这些难点问题，才能真正让数据在能源互联网中发挥更多真正的价值。可以说，营配本质贯通的创新与实践，肩负着在电网末端核心业务融合方面主动、深度探索的历史使命。

针对目前新能源加快发展、新型交互式用能设备大量接入等新情况，微电网、有源配电网、局部直流电网等新形态电网与传统大电网协同发展，配电网规划建设唯有充分利用数字技术为电网赋能，提升电网全息感知和灵活控制能力，拓展“电网一张图”深化应用，深入贯彻营配本质贯通理念，通过电网数字化、智能化，赋能电网规划、电网运维、工程建设、供电服务等工作，才能助力电网向能源互联网升级。

2. 营配本质贯通是能源互联网的关键要素

在企业管理过程中，企业管理对信息化提出需求，信息化赋予企业管理信息手段支撑，通过信息化流转规范企业管理。企业管理传统的管理方式，或者说，是企业管理条块分割现状，造成了一定程度的管理壁垒，映射到信息化领域后，形成信息孤岛，制约了信息化系统的发挥空间。

在SG186实施阶段，国家电网公司信息化实现了业务自上而下的贯通，解决了专业内部的信息孤岛问题。推进到SG-ERP阶段后，很多业务部门已不满足本专业的数据共享和业务融合，已开始向其他专业寻求数据，希望与其他专业进行流程贯通，甚至有时需要其他专业改变相关业务流程。

打造智能电网，离不开坚强网架和可靠设备，更需要强营配调一体化为代表的智能电网顶层设计和创新实践，深化两化融合。只有打破专业之间的壁垒和信息孤岛，推进跨专业、跨部门的统筹协调和流程优化，建立相应的保障机制，形成有效的支撑手段，使管理的着眼点从“专业最优”变为“集成最优”，才能在本质上提高电网的生产运维效率和营销的客户服务能力，提升公司两化水平。

3. 营配本质贯通是支撑能源互联网协调高效运行的可靠基础

PMS系统提供的信息以电网设备、资源为主，包括变电站、线路、变压器等，对于开展电网规划、设备技改等工作来说，缺少客户基础数据及用能服务情况。营销系统中具备客户的基础数据和客户用电申请信息，但负荷开放时缺乏电网设备拓扑信息。就电网规划、运行方方式调整、业扩报装等综合资源要求高的工作来说，对上述信息缺一不可。目前营销、生产业务已初步实现贯通，但新兴业务发展不断提出新的融合需求，基础数据的一致性在一定程度上仍依靠人工维护实现，部分融合业务环节需人工线下沟通才能确保运转顺畅。管理的精细化、扁平化，使得公司对跨专业高效协调运转的需求日益强烈。但是由于实时数据在管理业务中的应用不足，系统层面的全网供电拓扑不完善，配电网“三张图”（单线图、网络图、地理图）各自独立，系统对抢修指挥、移动作业等业务支撑不足，缺乏实时、全程、全景的配电网运营监控和决策分析，跨专业的业务流程难以追踪等诸多问题的存在，造成信息资源难以共享、企业流程存在断点、跨专业协同难以高效。这要求我们必须要探索营配业务一体化，深化营配本质贯通应用，从而支撑电网业务的高效协同运行。

1.2 营配本质贯通发展历程

纵观国家电网公司营配本质贯通建设历程，可分为试点建设营配集成、全面推广GIS应用、本质贯通应用提升三个阶段。

1.2.1 试点建设营配集成阶段

在电网企业管理过程中，信息化对企业管理起了支撑作用，但专业壁垒造成的信息数据孤岛问题凸显，各类专业系统林立。2012年，国家电网公司响应国家“创建世界一流企业”要求，在公司“两个转变”深入推进、“三集五大”体系加快建设的基础上，进一步加大信息化顶层设计工作力度，通过SG186和SG-ERP建设，以业务需求为驱动，以业务协同规范为原则，健全完善网省两级公共数据资源池，梳理营销、生产业务数据项与融合业务项，明确数据共享和业务融合范围，全面推进数据共享和业务融合建设，消除信息壁垒，实现电网资源、营销资源跨系统共享，高频营销业务流程贯通，在部分网省公司试点取得预期效果，试点单位一线员工减负效应显著，配电网故障处理提速，用户停电时间缩短，电网运维管理水平和客户服务水平有明显提升，提高了客户满意度，为公司建设“两个智能”提供坚强支撑。

为固化工作成果，提升营配集成工作成效，国家电网公司于2014年大规模开展10kV配电网数据治理和客户采录工程，按统一标准对存量用户的“站—线—变—户”拓扑和GIS坐标基础数据进行采录完善。启动对用户报修定位、配电网故障研判指挥、停电计划安排、业扩报装辅助制定、线损管理等营配贯通功能的试点应用，旨在支撑95598全业务集中，通过信息化手段，基本实现企业内部专业间的系统集成和业务贯通，建立了营配调协同工作机制，全面增强公司的市场竞争能力、服务创新能力和经营保障能力。

1.2.2 全面推广GIS应用阶段

在部分网省公司试点成功后，国家电网公司一方面开展营配数据质量治理回头看，进一步夯实营配贯通数据质量，另一方面优化营配调末端抢修、办电、停（送）电、数据运维等业务的协同运作，全面推广95598客户报修定位、故障研判指挥、停电计划安排、业扩报装辅助制定、线损管理等协同业务应用，基于“营配调一张图”开展跨专业一体化应用，进一步淬炼营配调贯通应用成果，提升营配业务协同效率水平，促进公司专业管理和服务水平的全面提升。

随着PMS2.0系统投入使用，电网模型、GIS平台采用国家电网公司统一标准，数据集成共享和系统业务流程耦合更加紧密，对营配调各业务系统的数据集成、展现、实用化等方面提出了更高的要求。国家电网公司通过对电网资源、营销资源的精准核查，厘清变电站—线路—变压器—用户拓扑关系；通过客户档案、线损应用等业务应用成效验证营配数据质量；通过优化完善营销、生产、调控专业协同机制，适应PMS2.0系统上线后数据共享模式和业务融合的变化；实现全网数据全采录、全治理，将营配集成数据扩大至35kV及以上电压等级，并实现营业网点、充电站（桩）、分布式电源等营销资源在GIS地图可视化展示，为客户提供客户网点、充电站（桩）便民查询定位服务。95598报修、业扩辅助等业务更加贴合专业需求，专业管理和服务水平得到全面强化提升。

1.2.3 本质贯通应用提升阶段

为支撑公司新型数字基础建设，建设覆盖电力系统各环节的电力物联网，国家电网公司以营配贯通为抓手，从基础数据质量入手，一方面开展营配贯通数据质量常态校核治理，建立健全营配增量数据流程内维护、质量流程内校验机制，建立数据质量稽查评价体系，大力推动数据质量持续治理提升。另一方面以应用促建设促治理为原则，提出全面推广营配本质贯通成熟应用及典型经验，深化研究试点应用及创新应用，以实用成效检验数据质量。随着新一代设备资产精益管理系统（简称PMS3.0系统）、能源互联网营销服务系统（简称营销2.0系统）相继投入运行，营配贯通技术路线发生巨大变化，国网江苏省电力有限公司率先开展营配本质贯通示范工作，结合营配交互设计，透过现象，本质寻根，从模型本质、数据本质、业务本质、应用本质、组织本质五个维度入手，开展营配本质贯通优化提升，从根源上解决营销、生产因业务需求不同导致的模型差异、数据频繁异动和冗余存储、业务交互复杂有断点、GIS对客户服务支撑能力不足等问题。

示范工作包括以下五个方面：①立足SG-CIM的营配公用数据模型，开展电网资源业务中台和客户服务业务中台的统一模型设计，统一共享数据的语义、编码、源头、规则；②通过电网资源业务中台提供实时数据服务，实现营配数据同源、服务共用，优化数据共享应用方式；③优化电网一张图结构、效率和承载能力，深化GIS地图应用，提升营销业务可视化展示能力；④探索典型业务场景功能研发，实现中台间业务同根、数据同源、服务共用，进一步实现全业务、全流程的本质贯通；⑤拓展业务协同，实现业务一条线闭环，全场景应用，工单智能派发流转、微服务共用，赋能基层班组、管理决策和产业生态。

1.3 新形势下营配本质贯通发展思考

1.3.1 电网企业数字化转型的迫切需求

2021年11月发布的国家《“十四五”大数据产业发展规划》提出基于大数据分析挖掘算法、优化策略和可视化发展等技术，强化大数据在发电、输变电、配电、用电各环节的深度应用，利用数字化能力对业务进行升级或重构，更好地实现需求和供给的匹配。为适应新时期的电力需求，国家电网公司加快电网向能源互联网升级，为确保到2025年基本建成具有中国特色的国际领先的能源互联网企业，国家电网公司不断推进电网生产数字化，强化电网规划、建设、调度、运行、检修等全环节数字化管控，在第五届数字中国建设峰会上发布《新型电力系统数字技术支撑体系白皮书》。白皮书提出新型电力系统数字技术支撑体系需以数字技术为驱动力，以企业统筹为抓手，以数据为核心要素，以精准反映、状态及时、全域计算、协同联动为特征，坚持架构中台化、数据价值化、业务智能化，统筹新型电力系统各环节感知与连接，实现感知设备共建共享，推动各类业务应用贯通与灵活构建，实现设备、数据、应用透明化，强化共建、共享、共用，融合数字系统计算分析，提升电网可观、可测、可调、可控能力，构建形成数字智能电网，高质量推进新型电力系统建设。

在数字化转型过程中，国家电网公司不断推动云平台、数据中台及物联网平台“三台”建设，从基础设施建设入手，打造“国网一朵云”，构建涵盖电网资源、客户服务、项目管理、财务管理等业务中台的智慧物联体系，接入智能电表等各类感知终端超过5亿台，支撑电网、设备、客户状态的动态采集和实时感知，全面提升了电网和客户智能感知、泛在连接、高效处理和公共服务能力。

当前电网企业已经被各种信息系统所覆盖，并呈现出了向数字化发展的趋势。在这个发展过程中，国家电网公司所拥有的数据，无论是在深度、广度还是维度、颗粒度等方面都将出现一个飞跃，以数字互联促进能源互联，提升对海量分散资源的可观、可测、可控、可用水平，数字化服务能力也将同步获得提高。在这个发展过程中，营配本质贯通深度数字化是必然的选择。

1.3.2 向能源互联网发展的必然之举

建设具有中国特色国际领先能源互联网企业是国家电网公司企业战略目标。传统的能源系统覆盖各类能源的生产、转换、储存、传输、消费等环节，主要包括煤炭系统、油气系统以及电力热力等系统，相对独立，缺乏总体调控。广义的能源互联网是以电力网为基础，利用可再生能源技术、智能电网技术及互联网技术，融合电力网、天然气网、氢能源网等多能源网及电气化交通网，形成多种能源高效利用和多元主体参与的能源互联共享网络，依托先进的信息通信控制系统，通过各子系统之间相互耦合，互补运行，实现整体协同和智能控制的先进能源系统。

在双碳目标之下，国家电网公司正努力打造具有中国特色的国际领先能源互联网企业，全力创新电网发展方式。在持续完善特高压、超高压骨干网架同时，协同发展微电网等新的电网形态，充分利用数字技术为电网赋能，推动电、氢、气、热、冷等系统一体化的规划建设。

能源互联网必须结合数字化工作，建设能源互联网统一整体模型，覆盖供给侧到需求侧，打通数据链路和业务通道，充分挖掘营配贯通数据应用价值，推动营配协同业务与数字新技术深度融合，打造营配能力共享生态，向

"赋能"和"创造"转变，支撑能源互联网企业建设。

1.3.3 新型电力系统建设的重要环节

在新型电力系统中，新能源逐渐成为装机和电量主体，但新能源发电的随机性、波动性决定了自身不能通过出力来适应用电需求的变化，必须通过储能技术的发展和需求侧响应等措施，依靠源网荷储协调互动，实现电力供需动态平衡。同时电能消费应用范围将进一步扩大，并延伸拓展到新的领域。比如电动汽车、电动船舶，既是电能消费者、也是电能生产者，电动汽车可以在用电低谷时充电，在用电高峰时向电网卖电。光伏发电有富余时可以把电卖给电网，不足时从电网买电。这些新现象使电力产供销关系发生深刻变化。

新型电力系统承载着能源转型的历史使命，是清洁低碳、安全高效能源体系的重要组成部分，具有清洁低碳、安全可控、灵活高效、智能友好、开放互动等特征。同时，随着能源格局的深刻调整，给电源结构、负荷特性、电网形态、技术基础和运行特征带来了深刻的变化。新型电力系统的新特征、新变化，对电网数字化提出了一系列的新要求，主要体现在五个方面。

第一，范围更广。新型电力系统的采集控制对象范围更广、规模更大，而且逐步向配用电侧延伸和下沉。大量的对象单元容量低、位置分散，需要统筹采集侧控的管理，同时提升采集侧控的有效性。

第二，环节更多。新型电力系统源网荷储各环节紧密衔接、协同互动，打破了原来传统电网依赖于分环节、分条块数据应用的边界，需要统筹汇聚应用全网的采集侧控数据，来应对新能源出力不确定等一系列的问题。

第三，时效性更强。新型电力系统业务开展需要全环节海量数据的实时汇聚和高效处理，对数据的采、传、存、用，提出了更高的时效性要求。需要统筹提升采集感知的频度，以及计算的算力、网络的通道和安全防护的能力、水平，来共同提供支撑。

第四，随机性更高。新型电力系统的电源侧和负荷侧，均呈现了强随机性，对电网的安全稳定运行提出了更高的要求，需要统筹优化现有的控制方式，应用多种控制策略，建立灵活、可靠、经济的控制手段。

第五，服务更多元。新型电力系统在支撑电力系统安全稳定运行的同时，还要服务国家“双碳”目标的落地，需要统筹电、碳相关数据的采集和相关应用的要求，来支撑像碳监测、碳核查、碳交易等一系列的应用。营配本质贯通就是将电能产供销有机结合的重要技术手段，通过营配本质贯通的实施，在“营销一张图”中直观的展示用户光伏、充换电站、蓄能站等新型电能供给者、消费者，汇聚水、电、煤、气等各类能源数据，达到服务资源优化配置和高效利用目的。

2 营配本质贯通建设

营配本质贯通的建设，坚持“电网模型统一、营配同源维护、工单驱动业务、数据汇聚共享”的原则，充分利用现有的营配贯通成果，从模型、数据、业务、应用等四个方向入手，实现“模型一体化、数据一个源、业务一条线、电网一张图”，持续优化营配末端业务融合，构建跨专业营配一体化应用新模式。

2.1 模型一体化

什么是模型？现实世界向信息世界转化，需要对于事物的结构、组成、特征等进行提炼和描述，提炼出的客观描述事物的形态结构、组成特征就是模型。

数据模型是企业所有系统的公共语言，是一种企业公共数据标准，如同人们在交流中无论是写信、电话、面谈、电子邮件等，均使用同一套汉字。数据模型也是企业在跨专业中建立数据的公共语言，让企业中的数据同源、同义、同形，在企业任何场景下可以方便地获取数据，从而支撑业务创新。

2.1.1 统一营配模型标准

国家电网公司在信息化建设过程中，大多采用以业务部门为主导的分散模式进行建设，信息化系统与各专业部门业务高度耦合，整体呈“竖井”孤岛分布，部门间数据模型定义不一致。由于业务协同和数据共享的需要，系统之间数据交互的需求越来越多，但是由于各系统数据格式不统一，导致交互难度越来越大。在这方面，尤其以营销专业及生产专业的“营配模型”最具典型。

营销与生产两个专业在面对同一实物对象（变电站、线路、变压器、计量箱等）时，由于各自的业务需求、管理需求、关注点不尽相同，导致其在信息化系统建设时数据模型的设计存在差异。如图2-1所示，变压器信息，在营销专业、生产专业的信息化系统均存在，但生产专业关注的是变压器本身的资产、资源信息，而营销专业除资产、资源外还关注变损、线损计算涉及的相关信息，这就导致两边各自的编码、属性、数据存放格式不尽相同，两端同时维护一些相同信息且当营销专业需要共享生产专业的公用变压器信息时，无法通过变压器唯一标识直接获取，只能采用编码映射的方式，经人工对照后方可实现公用变压器数据共享，费时费力还不一定准确。

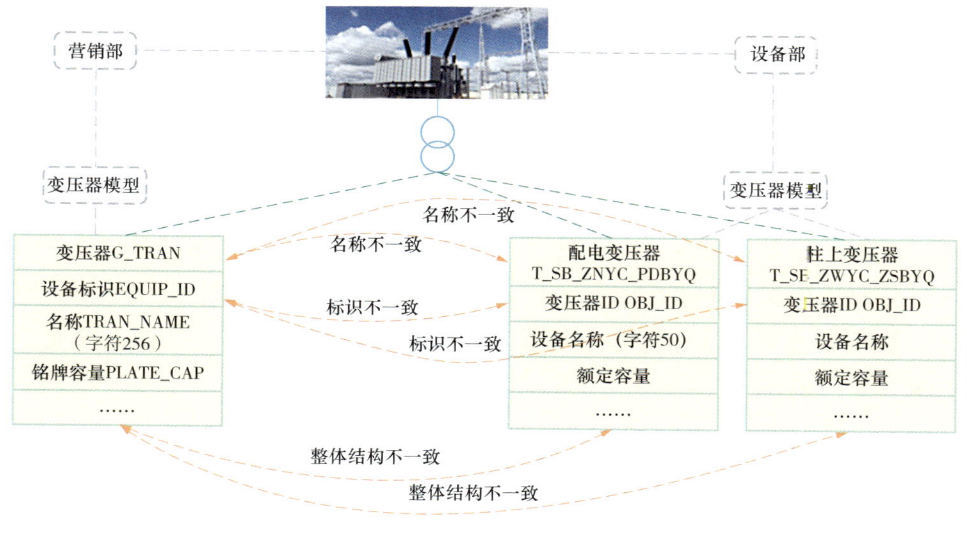

▲ 图2-1　变压器营配模型

为了满足国家电网公司业务快速发展的需要，需要在公司层面实现营配模型统一，保证数据一致，解决公司内外数据共享难、协同差、口径多、难融合等现实问题，如图2-2所示，以公司企业级统一数据模型（SG-CIM）为基础，采用业务需求驱动自上向下和现状驱动自下向上相结合模式，利用面向对象建模技术，统一营配模型标准，支撑公司业务协同与数据共享。

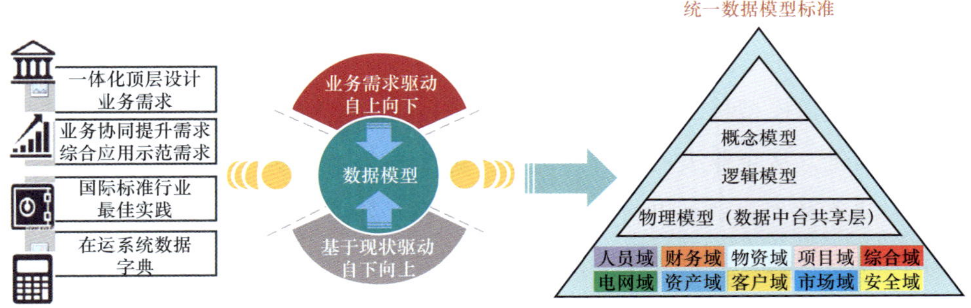

▲ 图 2-2　统一数据模型标准图

2.1.2 营配模型统一设计

数据模型按不同的应用层次分成三种类型：概念数据模型、逻辑数据模型、物理数据模型。概念模型是来描述业务需求的概念；逻辑模型是细化业务需求，进行业务设计、补充完善概念模型；物理模型是具体落地应用，用于支撑业务应用对数据处理的需求。

（1）概念模型统一设计。概念数据模型是对现实世界的第一层抽象，分析和总结公司业务，提炼出用以描述业务需求的统一定义，即就核心业务概念及其关系达成一致。如图2-3所示，概念模型定义了重要的业务概念（实

▲ 图 2-3　概念模型统一设计

体）和彼此的关系，由核心的数据实体或其集合以及实体间的业务关系组成，不强调实体属性完整，主要解决核心的业务问题。

（2）逻辑模型统一设计。逻辑模型是在概念模型的基础上进行进一步的分解和细化，从企业级视角对公司业务对象（实体）及其属性字段（属性）、相互关联关系（关系）进行统一补充和完善，如图2-4所示。逻辑模型解决细节的业务问题，确定每个实体的属性，尽可能详细地描述数据，但并不考虑物理上在数据库中如何实现。

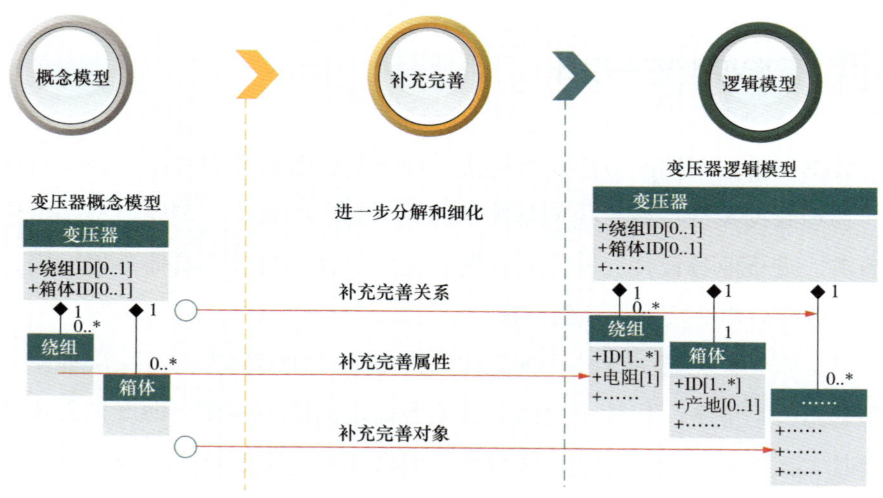

▲ 图2-4　逻辑模型统一设计

（3）物理模型统一设计。物理模型遵循逻辑模型，依据业务应用的数据处理需要，数据在储存介质上的组织结构，基于选定数据库产品，形成数据库结构和表设计，用于支撑业务应用对数据的存储、处理、访问和计算等需求。如图2-5所示，物理模型需要考虑数据库产品，需要考虑数据表的字段类型、长度等因素，确定所有数据的表和列。

营销专业和生产专业之间的营配模型是有差异的，生产专业的营配模型包括“变电站—馈线—配电变压器—低压线路—接入点”等，营销专业的营配模型包括“管线、调压设备、调压设备资产、计量箱（柜）、电能表”等。

国家电网公司遵循SG-CIM设计规范，按照资产、资源、管理分离模式，采用逆向抽象及面向对象的建模思路，融合新形势下营配贯通的业务协同与数据共享需求，对营配的概念模型、逻辑模型、物理模型进行统一设计，同步开展信息化系统的迭代与完善。模型统一设计具体步骤如图2-6所示。

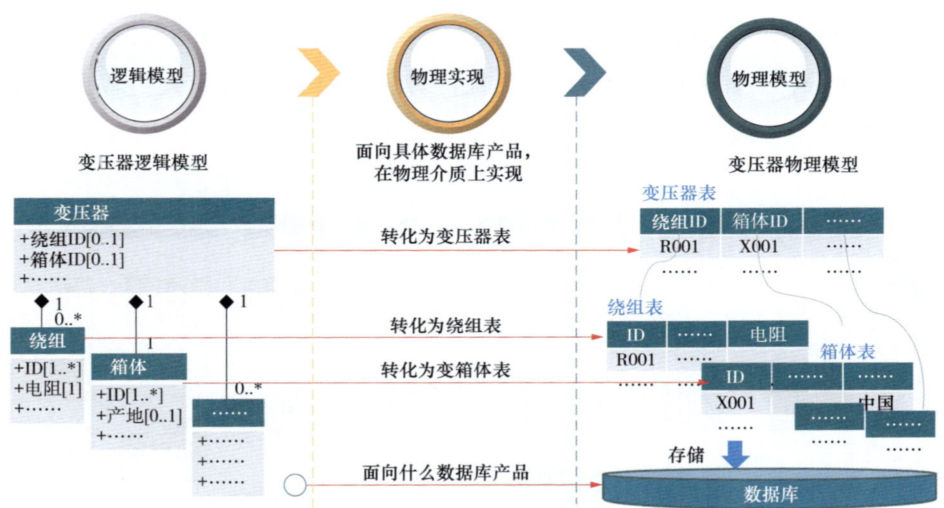

▲ 图2-5　物理模型统一设计

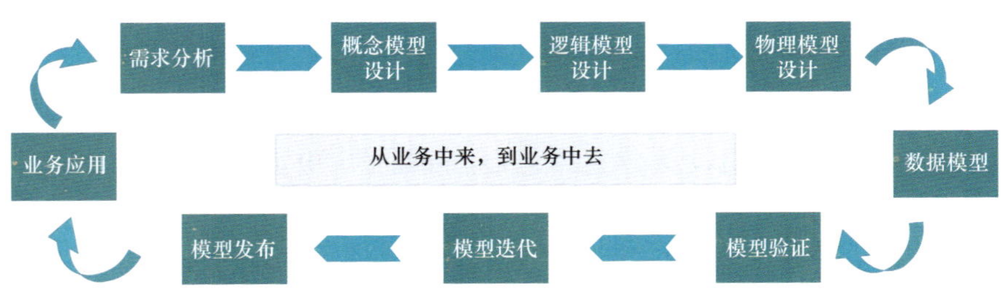

▲ 图2-6　模型统一设计步骤

（1）秉持“从业务中来、到业务中去”的理念，根据营配贯通业务需求分析，梳理核心业务数据对象，构建概念模型；

（2）结合营配贯通业务应用需求，进行逻辑模型、物理模型统一完善设计；

（3）根据营配贯通应用场景，进行模型验证；通过模型应用，收集需求，进行持续迭代、优化完善，并进行模型版本更新发布。

营配模型统一设计过程中，以“谁产生、谁负责、谁维护”为原则，所有涉及变电站、线路、变压器等电网资源及变电站与线路、线路与变压器拓扑关系的数据模型，均以电网资源业务中台的数据模型为准，如图2-7所示。另外根据营销侧业务需求，经过对数据模型中涉及业务的管理属性与公共属性进行区分，只保留用户设备的相关计费属性、管理属性、变更过程，线路、变压器的公共台账数据以电网资源业务中台数据模型为准。

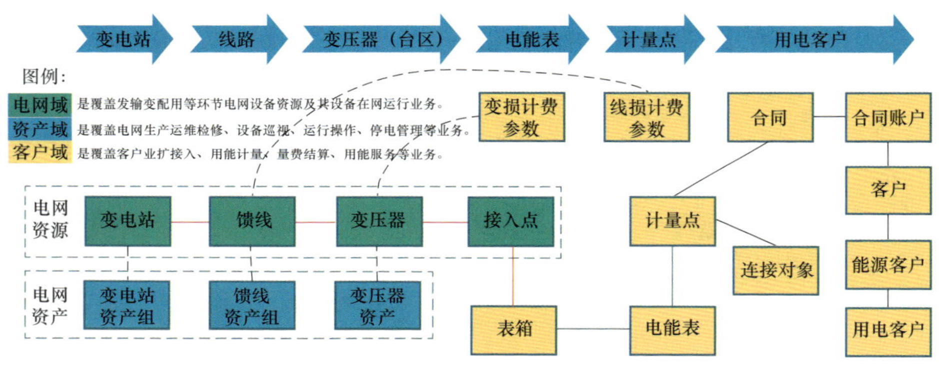

▲ 图2-7　统一数据模型交互图

开展营配贯通模型设计，按照“变电站—线路—变压器（台区）—用电客户”的业务管理主线，采用设备资源与资产分离的设计理念。电网资源是指构建电网拓扑的逻辑设备，主要定义运行编号、电流、电压等电网运行及电气特征属性。电网资产是指各类电网设备的物理设备，主要定义资产编号、制造厂商、类型、重量等物理属性。表2-1~表2-3是营配模型统一设计中，资源与资产分离的线路数据模型及营销侧线路的计费属性信息。

▼ 表2-1　营配模型统一的线路资源数据模型

序号	中文名称	英文名称	类型
1	资源ID	PSR_ID	VARCHAR2

续表

序号	中文名称	英文名称	类型
2	资产ID	AST_ID	VARCHAR2
3	线路名称	NAME	VARCHAR2
4	运行编号	RUN_DEV_NAME	VARCHAR2
5	所属地市	CITY	VARCHAR2
6	运维单位	MAINT_ORG	VARCHAR2
7	维护班组	MAINT_GROUP	VARCHAR2
8	设备主人	EQUIPMENT_OWNER	VARCHAR2
9	调度单位	DISPATCH_ORG	VARCHAR2
10	电压等级	VOLTAGE_LEVEL	VARCHAR2
11	运行状态	PSR_STATE	VARCHAR2
12	投运日期	START_TIME	DATE
13	退运日期	STOP_TIME	DATE
14	是否农网	IS_RURAL	VARCHAR2
15	重要程度	IMPORTANCE	VARCHAR2
16	供电区域	SUPPLY_AREA	VARCHAR2
17	线路色标	COLOR_CODE	VARCHAR2
18	起点电站	START_STATION	VARCHAR2
19	起点间隔	START_BAY	VARCHAR2
20	起点开关	START_SWITCH	VARCHAR2
21	架设方式	ERECTION_METHOD	VARCHAR2
22	架空接线方式	OVERHEAD_METHOD	VARCHAR2
23	电缆接线方式	CABLE_METHOD	VARCHAR2
24	线路总长度	LENGTH	NUMBER
25	架空长度	OVERHEAD_LENGTH	NUMBER

续表

序号	中文名称	英文名称	类型
26	电缆长度	CABLE_LENGTH	NUMBER
27	创建时间	CTIME	DATE
28	起始开关类型	START_SWITCH_TYPE	VARCHAR2
29	营配标识	PUB_PRIV_FLAG	VARCHAR2
30	更新时间	UPDATE_TIME	DATE
31	最新更新时间	LAST_UPDATE_TIME	DATE
32	地区特征	REGIONALISM	VARCHAR2

▼ 表2-2　营配模型统一的线路资产数据模型

序号	中文名称	英文名称	类型
1	资产ID	AST_ID	VARCHAR2
2	设备编码	EQUIP_CODE	VARCHAR2
3	资产性质	AST_NATURE	VARCHAR2
4	资产单位	AST_ORG	VARCHAR2
5	资产编号	AST_NUM	VARCHAR2
6	工程编号	PROJECT_NUM	VARCHAR2
7	工程名称	PROJECT_NAME	VARCHAR2
8	设备来源	SOURCE	VARCHAR2
9	WBS编码	WBS_NUM	VARCHAR2
10	是否代维	IS_COMMISSION	VARCHAR2
11	设备状态	DEPLOY_STATE	VARCHAR2
12	投运日期	OPERATE_DATE	DATE
13	创建时间	CTIME	DATE
14	更新时间	UPDATE_TIME	DATE

续表

序号	中文名称	英文名称	类型
15	备注	REMARK	VARCHAR2
16	最新更新时间	LAST_UPDATE_TIME	DATE

▼ 表2-3 营销侧线路计费属性信息

序号	字段中文名称	字段英文名称	类型
1	管线标识	PIPELINE_ID	NUMBER
2	管理单位编码	MGT_ORG_CODE	VARCHAR2
3	管线长度	PIPELINE_LEN	NUMBER
4	单位长度管线抗	PER_UNIT_LEN_LINE_X	NUMBER
5	单位长度管线阻	PER_UNIT_LEN_LINE_R	NUMBER
6	公专标志	PUBL_CLG_FLAG	VARCHAR2
7	管线变更日期	PIPELINE_CHG_DATE	DATE
8	管线规格	PIPELINE_SPEC	VARCHAR2
9	管线损耗分摊协议值	LL_SHARE_AGRT_VAL	NUMBER
10	管线损耗计算方式代码	LL_CALC_MODE	VARCHAR2
11	农网标志	RURAL_PWR_GRID_FLAG	VARCHAR2
12	无功管线损耗计算值	RP_LLCALC_VAL	NUMBER
13	有功管线损耗计算值	AP_LLCALC_VAL	NUMBER
14	有损无损标志	AP_RPLLFLAG	VARCHAR2
15	资产性质	ASSET_CHAR	VARCHAR2
16	详细地址	DET_ADDR	VARCHAR2
17	业务服务地址标识	BUS_SRV_ADDR_ID	NUMBER
18	客户标识	CUST_ID	NUMBER

2.2 数据一个源

营配本质贯通的目标之一就是实现营配数据集成共享“一个源”。通过对数据集成需求的梳理，营配共享数据主要分为八个类型：电网资源类、拓扑关系类、客户档案类、供需数据类、运行方式类、智能化电网类、管道信息类和地理数据类。

（1）电网资源类：变电站、线路、变压器、计量箱等；

（2）拓扑关系类：变电站内设备、输配电线路设备、低压线路设备、站房设备、柱上设备等之间的相关关系；

（3）客户档案类：客户基础档案、户表信息、用户设备数据、运行参数等；

（4）供需数据类：电量、电费、负荷、容量等；

（5）运行方式类：设备运行及其状态信息，以及供电能力、电能质量、使用效率等电网运行指标；

（6）智能化电网类：配电设备自动化、通信网、负荷分类、综合能源服务数据和其他新技术应用；

（7）管道信息类：敷设方式、电缆管道长度、通道信息、管道利用率等；

（8）地理数据类：通用地理基础信息和电网资源坐标数据等。

营配本质贯通的重点是提升系统之间数据传递与共享的质量，并且要尽可能运用自动化方式进行批量处理，自动化的分析、统计和处理能大大减少工作量并避免人为的不确定错误因素。

2.2.1 营配同源维护与应用

营配本质贯通以“谁产生、谁负责、谁维护”的原则，通过电网资源中台同源维护客户端进行营配同源维护，确保营配数据唯一源头，推进电网一张图建设。

（1）同源维护规范化。通过梳理营配贯通涉及的数据对象，在数据对象层级从完整性、准确性、唯一性、及时性、分工协作等方面制定同源维护规范，明确电网及客户资源数据建模、拓扑维护方式，完善两端业务中台的营配数据维护功能，杜绝应用端进行非源端数据变更，确保营配数据唯一源头维护。

（2）同源维护精细化。强化数据同源维护管理，以营配数据模型统一为前提，建立营销2.0系统与PMS3.0系统数据对象属性字段、标准代码等层级的同源维护规范，明确各方的维护职责、流程、标准，实现营配数据同源维护的精细化。

（3）数据同源应用化。统一营配数据模型基础上，依托客户服务业务中台与电网资源业务中台，聚合营配共享服务能力，按照"搬服务、不搬数据"的思路，优化营配数据共享应用方式，应用端不在本地存储源端的变电站、公用线路、公用变压器、站线、线变等电网资源及拓扑关系的数据，均通过源端提供的实时数据服务查询进行应用，如图2-8所示。针对实时性低、交互量大的应用场景，可以通过数据中台开展数据共享，确保业务的正常开展。

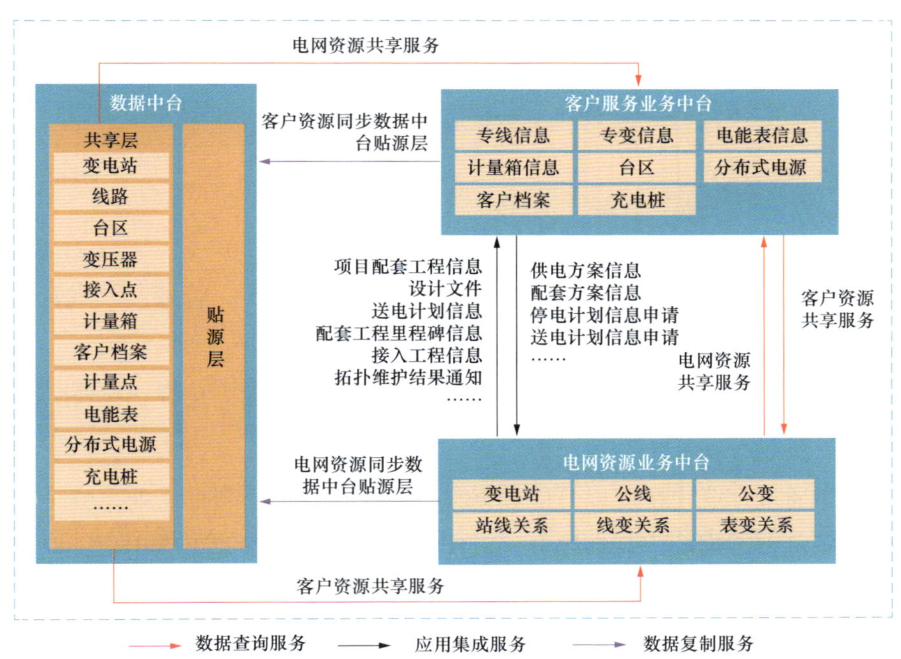

▲图2-8 营配数据同源及信息交互图

2.2.2 企业级营配服务应用

营配本质贯通建立了企业级中台的营配共享服务应用机制，实现营配服务在企业级数字化门户的统一纳管与调度，形成服务中台化，实现营配数据唯一源头应用，促进中台服务能力及质量提升，如图2–9所示。

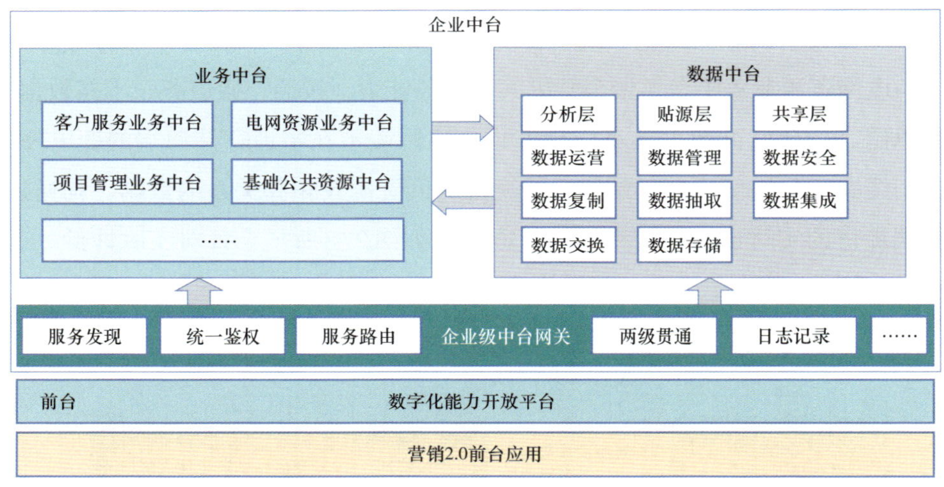

▲ 图2–9 企业中台架构及服务图

营配本质贯通利用企业级中台的汇聚共享优势，统一管理及共享营配各类服务，实现企业中台的“四化”业务应用。

（1）通过企业中台整合多平台的业务处理流程，面向用户提供统一的信息化业务办理入口，形成统一管理化。

（2）通过企业中台可以打破数据孤岛、业务孤岛，帮助企业采集全域数据，再通过一系列的产品和服务，赋能业务系统，让企业更懂用户，同时更好地触达用户，最终达到降本增效，实现信息共享业务全局化。

（3）通过企业中台接入共享服务，从而体验各个业务系统自身业务能力，方便支撑其余系统建设与使用，同时又能支撑企业级规模化创新，助力企业变革，孕育生态，达成业务能力丰富化。

（4）通过企业级中台的共享服务可以减少各系统之间网络交互的困难，以及定期申请网络访问权限，使用企业级中台后各系统仅需关注与企业级中台之间的网络互通，提升多系统间访问高效化。

2.3 业务一条线

近年来，国家电网公司在开展营配贯通的过程中，也在不断优化完善业务流程，进行业务流程体系重构，打破专业壁垒，推进业务协同，解决营配数据不共享、业务流转不顺畅等问题。国家电网公司下发了营配系统集成的相关标准，完善停电信息管理、故障抢修管理、设备台账管理、设备异动管理、业扩报装管理、用户电量信息管理、线损管理、供电可靠性管理等相关功能，明确营销、设备、调控等部门职责和工作要求，落实考核措施，建立工作机制，实现业务融合，并将制度标准和业务流程固化到营配相关系统中实现业务融合。通过业务流程的完善以及系统功能的改造，初步打通了专业之间的业务流转、数据共享通道，让营配业务协同跨入了新的台阶，实现业务、管理、服务扁平化和跨部门流程信息有效沟通。但是随着互联网的快速发展，智能化操作、共享式平台、高效率服务已成为当下客户服务工作的主流模式，营配业务协同又面临着新的问题。

一是目前的信息系统技术架构封闭。传统信息系统采用的是垂直、单一、封闭的技术架构，长期以来逐渐形成了业务壁垒。而数字化转型需要打破原有的封闭架构，向云化、微服务化、互联网化为特征的开放架构转变，利于打破业务壁垒，实现业务、技术、数据的汇聚整合和优化配置。

二是业务协同模式僵化不利于快速迭代复用。目前的营配业务协同依赖系统之间的集成实现业务串联，模式固化，无法复用，需要从业务协同向共享服务改变。通过将共享服务以组件化的方式提供业务平台共享使用，可实现公司内同一业务服务和数据服务的多应用场景共享、资源整合、能力沉淀和敏捷创新，从而改变传统部门视角划分导致的难以实现业务协同的现状，满足业务快速迭代、高效流转、数据一致的要求。

三是流程驱动引擎不能满足数字化转型要求。随着数字化转型基础技术体系的构建，业务场景实现将不再受限于固化的流程，而是不断通过数据驱动挖掘新的业务需求和优化业务实现过程，需要从流程驱动向数据驱动改变，赋能业务场景灵活配置，充分利用数据要素创新业务形态，形成数据驱动型业务模式，为实现业务数字化转型提供全新动能和坚实基础。

因此，如何紧跟时代步伐，依托不断变化的技术手段，结合中台架构思想，提升优质、高效、便捷的供电服务品质，真正做到“业务一条线”，也成为营配本质贯通的重要研究课题。

2.3.1 营配业务优化重塑

对于传统的业扩接入、电源并网、运行管理等基础业务，站在电网企业整体的角度，根据中台技术架构，以企业级工单中心为驱动，推动业务流程重构和场景服务化改造，构建营配贯通的核心业务能力，消除跨业务流程断点，建立营配高效协作体系，全面支撑营配贯通业务线上流转及协同融合。

（1）业务分析、流程梳理和拆分。对正在开展的存量营配贯通基础业务进行全面梳理和拆分，明确业务场景和业务目标，分析当前存在的问题及原因等。

（2）数据支撑满足度分析。对营配贯通基础业务流程各环节所需要的数据进行梳理分析，对于可以通过数据汇聚整合实现业务优化和效率提升的环节，如数据共享服务具备支撑条件的，可以在后续业务流程优化重组过程中简化相应的业务环节，提升业务实现效率。

（3）业务流程优化重组。以公司企业级中台服务共享中心提供的业务服务组件为基础，结合技术、数据提供的优化条件，对原来传统信息系统构建的业务流程进行中台服务化改造，将需要的业务服务组件根据业务逻辑快速组装成全新的业务流程。

（4）统一工单流程改造。对跨专业的营配业务流程从技术层面进行改造，改变以往以消息通知、数据同步为主的交互方式，如图2–10所示，通过企业级中台的统一工单中心，以工单驱动业务，实现一张业务工单、一个工单编号在生产、营销、调度系统间自动、快捷、准确、高效的流转，确保系统间业务闭环。

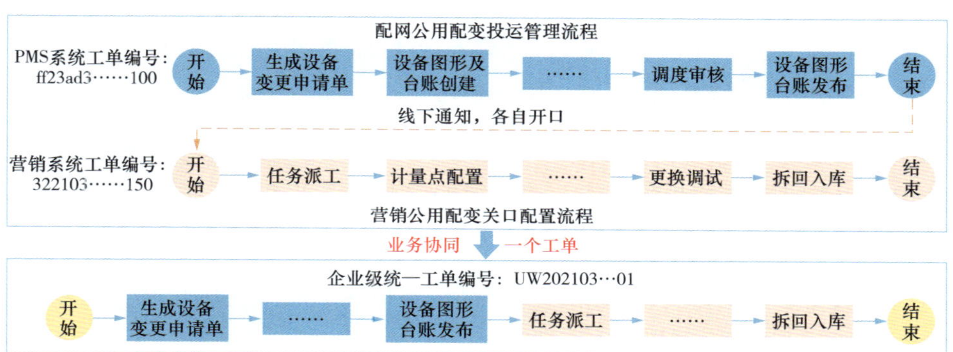

▲ 图2–10 业务协同一个工单

2.3.2 营配融合拓展创新

在对营配贯通基础业务进行优化重塑的同时，也要考虑开展营配业务融合的拓展与创新。

一是全面开展营配业务深化工作，在组织层面、业务层面、应用层面等对营配业务进行深度整合。

（1）组织层面。厘清营配工作界面，明确业务流程、制度标准、岗位职责。融合设备主人制、台区经理制和服务网格化的管理思路，深度整合营销和生产组织机构，构建全能型营配基层班组，培养全能型业务人才，做到“台台设备有主人、个个用户有经理”，降低人员协调、业务协同成本，做到一班人马，营配工作一管到底，避免出现营销和生产业务边界的管理真空。

（2）业务层面。依据工作技能相似、工作地点相近、维护设备相同、服务对象类似的原则，深度整合业务工作内容，在营销系统实现营销和生产业务间、业务内工作融合、营销和生产工单派工三大方面融合。

（3）应用层面。遵循“一平台、全业务”和“一终端、全应用”的原则，以电网GIS平台、客户服务业务中台、电网资源业务中台、数据中台、物联管理平台、国网链及云平台等数字化基础设施为依托，在营销系统构建统一应用入口，支撑生产业扩报装、设备运检、客户服务等营配末端业务融合开展。优化前端应用，赋能一线工作人员，融合不同专业终端、内外网应用和不同专业应用，实现一个终端、一个App就可以处理所有营配问题，解决业务人员携带多个终端，在多个应用间切换录入数据的繁琐问题。应用图像识别、语音识别人工智能技术提升作业信息采集效率及准确性。智能集成末端应用，以移动作业终端为核心，辅以智能安全帽、无人机、工器具、备品备件、作业车辆、电子工作票等作业资料支持，深度融合工作界面，依托后台知识库及专家团队等支撑资源，构建高度集成化、智能化的单兵作业系统，赋能现场作业人员，帮助业务人员规范、高效、安全完成现场作业。提升GIS图上作业能力，增加网页版的图形维护工具，便于嵌入营销2.0系统，支持利用营销移动作业，在现场通过拍照、定位、简单录入等方式，根据GIS地图直观、便捷维护专用变压器、计量箱等图形和拓扑，后端再统一对接电网资源业务中台服务实现GIS向单线图的数据提交，实现营销图上绘图，确保营配数据贯通。

二是全面推进营配业务一体化服务，持续深化营配调在客户报修、故障抢修、停（送）电管理等方面的业务协同。

（1）客户故障报修方面。根据客户标准化地址、联系方式、停电计划、配电网故障、停电区域等信息实现精准定位、故障预警、报修预判；基于“站—线—变—户”关系和用电信息采集数据，推广疑似停电智能预警，提升公司应对突发故障停电、客户重复报修的服务能力。

（2）停电信息报送方面。全面应用停电影响设备、用户自动分析，支撑95598智能故障报修，为客户提供精准的停电信息服务；综合考虑电网运行、客户需求等因素，统筹安排停电计划，减少重复停电，推广客户停电主动通知等应用。

（3）故障研判抢修方面。结合电网空间拓扑图形、配电网故障信息、停电信息，实现故障智能研判，减少重复派工，提升抢修效率；深化“网上国网”、95598业务支持系统地图应用，开展抢修路径导航、故障工单催办、抢修全过程可视化、抢修进程短信推送等应用；全面推广“网上国网”客户故障报修，主动推送抢修人员、联系方式、位置、进度等信息，实现客户报修可视化、互动化和服务评价在线化，提高客户报修服务体验。

（4）台区线损管理方面。深化线损管理联动管控机制，辅助校验提升“站—线—变—户”关系准确性，支撑供电半径辅助分析、窃电分析预警、三相不平衡治理等业务开展，促进电网精益化管理。

2.4 电网一张图

电网一张图是由客户服务业务中台、电网资源业务中台及思极地图、电网GIS平台等企业级中台，遵循营配模型统一、数据汇聚、同源维护原则及服务开放的能力，构建的静、动态电网网架展示、渲染、分析及应用的统一平台。电网一张图通过组件化技术，快速响应上层业务需求，降低图形化开发门槛，为发展、生产、营销等专业的企业级应用打造电网可视化图形平台，如图2-11所示。

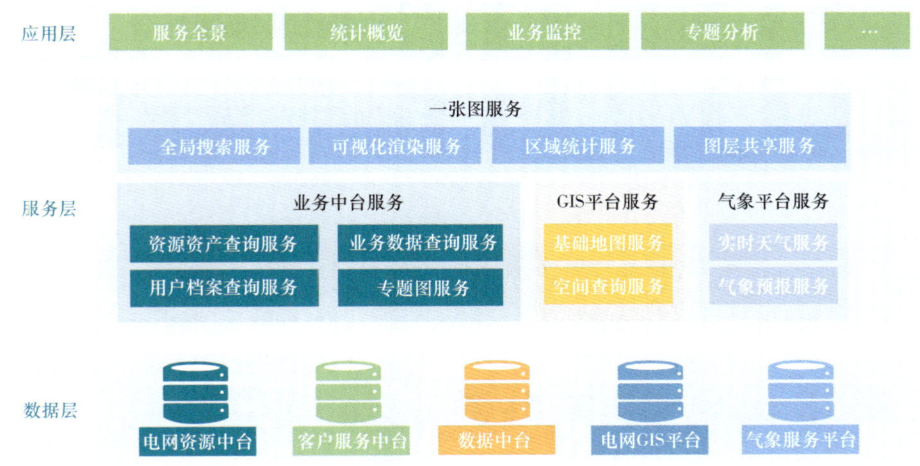

▲ 图2-11 电网一张图架构

2.4.1 营销服务一张图建设

依托电网一张图，叠加营销客户及服务等静态资源，实时工单、事件、作业等动态资源，打造数据种类丰富、动态鲜活的营销服务一张图，实现任意区域营销资源和业务信息的可视化查询展示，全过程信息的实时动态跟踪。如图2-12所示，营销服务一张图应用时空大数据技术，实现营销海量异构数据的接入、汇聚、整合，打造标准统一的营销服务空间数据库。通过对这些数据进行分析与深入挖掘，提升营销数据服务时空数据的价值，建设营销动静态资源全景管理、营销业务监控、统计分析概览、时空数据共享服务于一体的营销可视化应用场景，更好地支撑营销服务及管理决策。

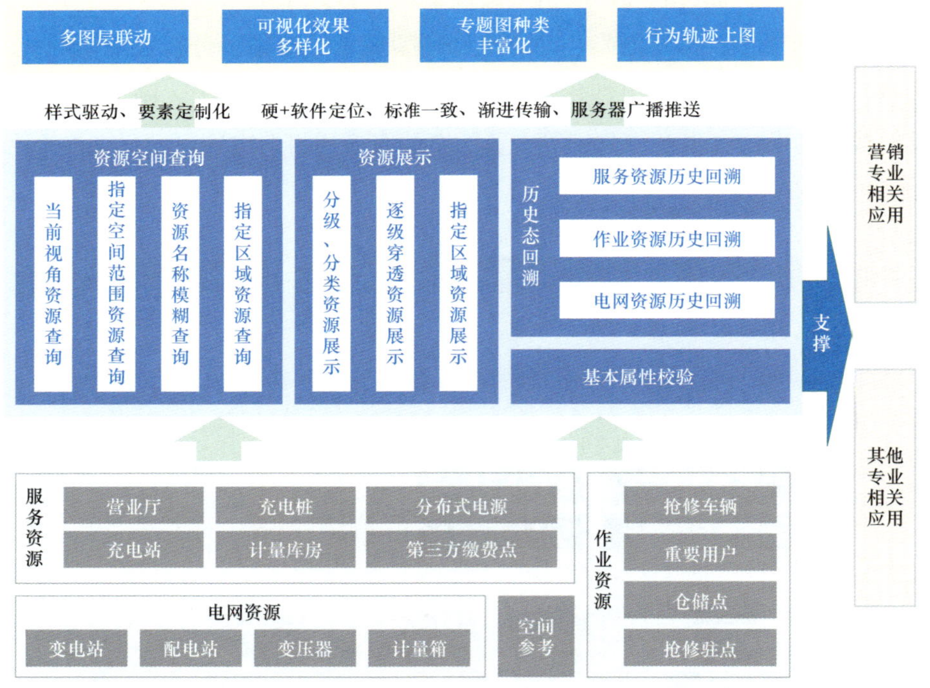

▲ 图2-12 营销服务一张图架构

2.4.2 GIS图上深化应用

在数字孪生智能电网基础上，以思极地图为载体，电网拓扑构架与思极地图深度融合为思路，紧紧围绕电网网架布局、电网设备运行、停电区域、客户报修、运行工单、移动作业、业扩工单分布等多个相关的业务管理需求。基于电网一张图，提供真实可靠的动态图形化数据，进一步推动形成营销、生产、调度之间数据一个源、电网一张图、业务一条线，实现营配合一管理模式下的图上作业、精细化和标准化管理的要求，实现更快速、更智能的感知电网运行状态，为提升营销智慧管控、客户优质服务水平奠定基础，为基层营销人员高效开展业务提供有力支撑，助力营销运营管理水平有效提升，如图2-13所示。

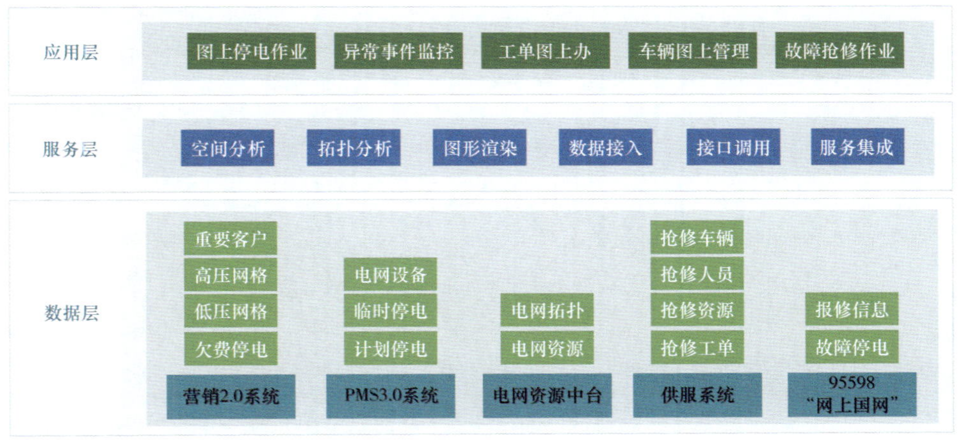

▲ 图2-13 GIS图上应用架构图

3 营配业务本质贯通实践

在营配本质贯通建设中，营配业务流程的贯通是主要目标之一。本章将介绍营配业务在实施过程中面临的困难与问题，并在问题分析的基础上对营配业务本质贯通理念加以说明，最后阐述营配本质贯通在基础业务上的实践与成效。

3.1 营配业务实施面临现状

营销业务是电网企业的基础工作，是电网企业联系客户并和客户建立良好关系的重要平台，也是开拓售电市场的直接方式。电网企业营销的基础业务具体包括受理客户新装增容、变更用电、停电销户等，具有政策性强、公司内部流转专业部门多、工序多、链条长的特点，也易引起社会关注、引发客户意见。营销业务办理工作的效率直接反映了电网企业内部各部门协调配合程度，工作质量也会直接影响电网企业在客户心目中的形象。

目前，客户基础的用电服务需求可以分成如下几类：电力用户的新装、增容改造、地址迁移、移表、用电电压改变、分户、并户、暂停和减容等。客户通过线下或线上的方式申请办理用电业务，由电网企业营销部门受理后，通过对不同需求类型进行分析，安排相应岗位的工作人员对接服务客户，并由营销专业牵头对接公司内部其他专业部门，共同满足客户用电需求。下面以具有代表性的高压新装增容流程为例，如图3–1所示。

高压新装增容全过程需要三个部门的共同参与。首先，营销部受理用电申请后，由客户经理与用户联系对接，约同配电人员共同进行现场勘查，确定供电方案答复用户，由用户按照供电方案组织施工。其次，在用户工程施工结束后，需要通过三个专业的综合验收（营销客户经理验收用户内部高低压受电设备、配电人员验收用户产权分界开关、营销计量人员验收计量装置），全部验收合格后客户经理排定送电计划，经调度与生产部门审核确认，最后由配电人员按照工作计划安排现场送电。在业务实施过程中，通常存在以下情况。

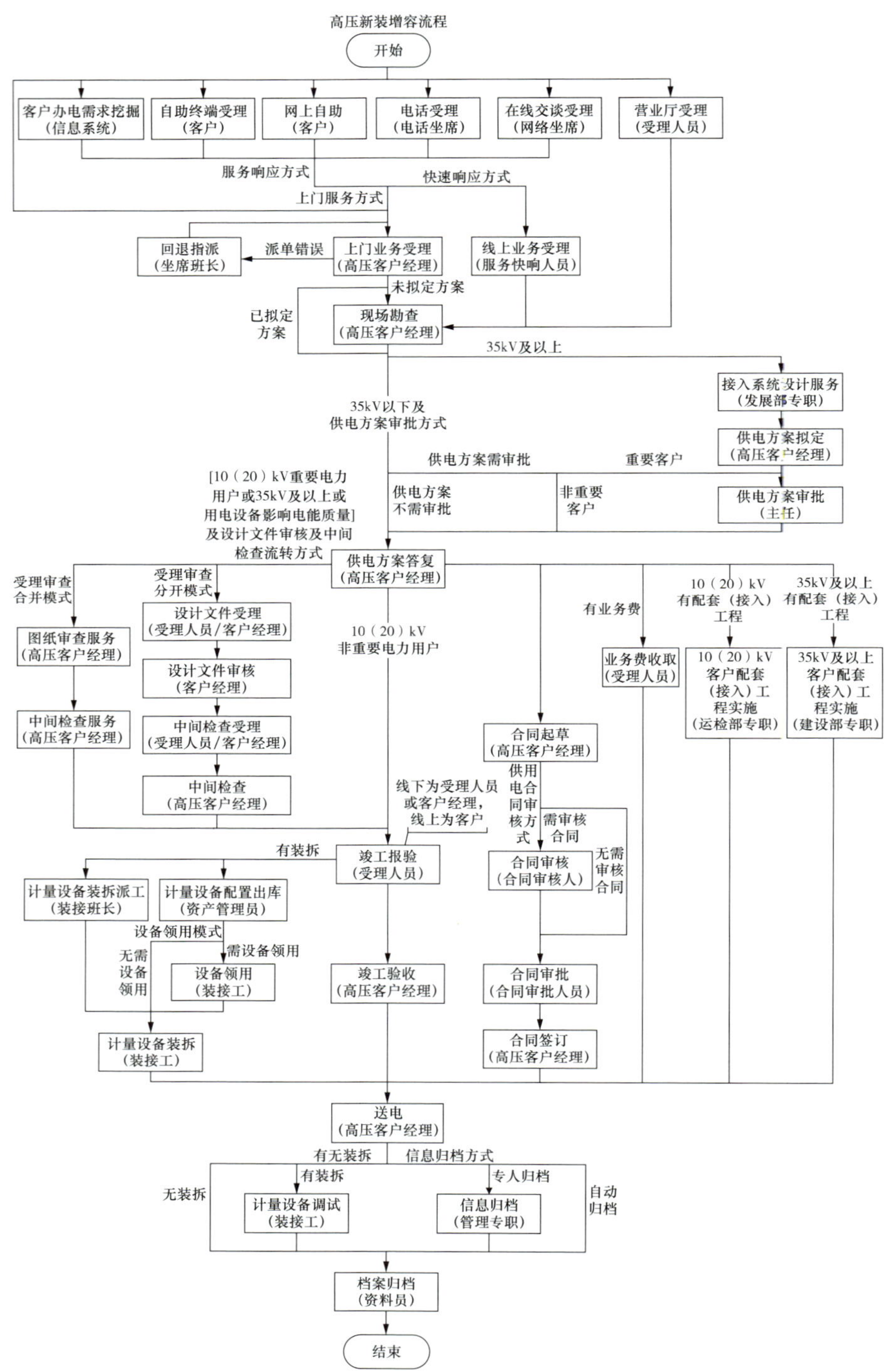

▲ 图3-1　高压新装增容流程图

（1）协同环节多。无论是前期的现场勘察、中期的施工检查以及后期的装表接电，每一个环节都需要多个专业协同配合，由于每个专业隶属不同的部门管理，且各有工作计划及要求，协同难度进一步增加。

（2）流程时限长。业扩报装存在的另一个突出问题是流程时限长，以前期现场勘察为例，单电源方案确定需要5个工作日，而双电源方案的确定需要15个工作日。相较于燃气公司、供水公司等其他公用事业企业，流程时限显得过长。

（3）办电体验差。较多的办电环节，不同的业务部门，导致业务流程在各部门间流转耗时较长，且容易发生错漏的情况，同时因办电流程无法实现在线可查，客户对办电进度不清楚，造成客户办电体验差的感知。

为了满足各专业部门客户服务、生产运行等业务实施需要，国家电网公司开展了营配调贯通工作，为各项业务有效运转提供了业务协同支撑，但各项基础业务在衔接过程中仍然存在一些问题：①各个部门的信息系统很大程度仍是“部门级”应用，业务信息及专业数据未能实现互通共享，更多的依赖于部门间人员沟通；②系统间业务交互和数据复用化程度低，多部门作业信息沟通成本大；③跨专业、跨部门流程链路过长，主要通过牵头专业人工督促，容易造成业务环节停滞。随着国家社会经济持续发展，全社会用电需求持续上升，客户的用电服务需求越来越多样化，对优质供电服务的要求也越来越高。

3.2 营配业务本质贯通理念

营配业务本质贯通是国家电网公司通过整合电网末端营配专业的业务流程和数据资源，提升营销服务与配电运检工作的协同效率而实行的一种新型管理模式。其目的是加强营配两大专业之间纵向贯通和横向融合，强化资源统一配置，实现业务高效流转，提高企业经营效益与优质服务水平。

营配业务本质贯通主要采取业务管理流程化、信息管理集成化两方面建设思路。业务管理流程化注重对业务流程的梳理、简化、创新，抓住主要环节，减少非必要环节，逐步简化业务流程、压缩流程层级，实现营配业务工作效率和服务质量的双提升，建立起与卓越企业相适应的业务流程管理。信息管理集成化即借助计算机与网络技术，将信息资源管理中各种有关的信息资源、信息技术和用户集成起来，提升基础数据完整性、准确性、适用性、及时性，促进各专业业务流程畅通，有效打通专业壁垒。

3.2.1 业务管理流程化

业务流程是为达到特定的目标而由不同的人分别共同完成的一系列活动。这些活动之间不仅有严格的顺序限制，而且在方式、内容和责任上也有明确的界定与安排，以使不同的活动在不同的部门或者岗位角色之间的交接成为可能，这些活动在空间和时间上的转移可以有较大的跨度。

著名管理学家迈克尔·哈默与詹姆斯·钱皮对业务流程的经典定义是：我们定义某一组活动为一个业务流程，这组活动有一个或多个输入，输出一个或多个结果，这些结果对客户来说是一种增值。简言之，业务流程是企业经营管理过程中一系列创造价值的活动组合。

业务流程管理按照其变革的程度分为三个层次，分别为业务流程的建立和规范、业务流程优化、业务流程重组。对企业而言，对不同业务流程进行管理是对企业在生产经营过程中的各项步骤进行划分归类，理顺关系，科学合理安排实施方法。具体到营配基础业务而言，就是将营配业务的各个环节进行细化或合并，优化营配业务流程结构，消除营配业务实施过程中的堵点、难点，实现整个营配业务流程的有效畅通。在营配业务流程管理的过程中，技术要点包括以下六个方面。

（1）抓住关键流程。在营配业务开展的过程中，每项业务流程都有特定的目标，通过梳理各项业务流程的主要目标，可以快速抓住关键流程，实现营配业务精准高效开展。

（2）注重流程循环性。在营配业务流程流转的过程中，各个环节的衔接至关重要。整个业务流程的各个环节均遵循一定的先后顺序，只有严格按照规定的顺序开展，各个环节准确衔接，才能确保整个业务流程的循环进行。

（3）注重环节时效性。时效性意味着在营配业务流程开展过程中，应该把握好各环节要完成的时间节点。同时，在流程管理过程中，要时刻根据工作形势的变化进行把控，使得不同的业务流程在不同的要求下都能够按时完成。

（4）注重专业协同性。营配业务的开展至少涉及营销与生产两大专业，若进一步细分则涉及专业更多，各专业的协同能力是影响营配业务流转的关键因素。

（5）考虑人为因素。人员是营配业务流程完成的主体，人员的工作能力、状态、力量等因素对业务流程的开展有较大的影响，因此在营配业务流转过程中需要对人力资源进行统筹安排，保证营配业务流程的正常运转。

（6）做好能效分析。对营配业务流程能效进行分析，是确保营配业务流程实现最大能效的重要手段，便于管理者全局把控流程目标。

营配业务本质贯通管理模式中，业务管理流程化就是对营配环节各项业务的流程进行优化。一方面通过抓住关键流程，剔除非必要环节；另一方面将一部分流程进行合并重构或并行开展，提高业务流转效率，使得营配业务流程更加优化畅通。

3.2.2 信息管理集成化

信息集成是指系统中各子系统和用户的信息采用统一的标准、规范和编码，实现全系统信息共享，进而可实现各业务应用间的交互和有序工作。企业内部的信息集成管理的主要内容包括用户、信息需求分析、信息采集、信息存储、信息产品研发、信息使用等若干个模块。信息集成的管理是一个从上而下、反馈循环的过程。

营配的信息集成就是对营配业务的信息系统及数据进行相应的指导与管

理，结合信息集成相关理论，通过统一数据标准，整合数据资源，对主要业务进行模块化的优化整理，实现营配各个系统的优势互补，提高整个企业的信息数据管理能力，促使工作效率的整体提升。在营配信息集成的过程中，信息数据不统一、不规范常常会给集成工作的开展带来一定的挑战性。在遵循业务管理流程化和信息管理集成化的管理理念下，电网企业营配基础业务本质贯通以高效协同为主线，以海量营配数据集成共享为依托，实现对营销与生产的优化管理，简化了工作流程，提高了工作效率。同时能够降低电网企业的人力成本、时间成本，带来广泛的经济效益和社会效益。

在营配贯通信息集成管理过程中应当遵循以下原则：

（1）遵循独立性原则。信息集成给不同系统数据之间的相互调用和共享提供了可能，集成的原则就是将不同系统的数据建立联系，共同完成某个业务或者流程管理。在集成的过程中仍要注重原有系统各自的独立性，即不改变原有信息系统的数据及模型，确保系统之间的相对独立，能够安全、可靠、高效运行。

（2）遵循数据一体化原则。数据一体化原则是能够实现信息集成管理的关键步骤，在所有相关系统能够在平台上相互分析、调用、共享和应用时，才能够实现多个系统之间的信息集成。这就要求不同的信息系统之间的数据能够按照同一套标准与格式进行编码、共享，相关联的数据结构，及其编码和组织形式都由统一的标准进行设计，这样才能确保信息的有效集成。

（3）遵循实用性原则。营配信息集成过程中重要的一点是要讲究数据应用的实用性，能够解决营配专业的实际难题。因此，营配贯通信息数据集成的各个子系统应当满足特定的业务管理或者相关服务的功能，即具有实用性原则。

（4）遵循模块化与可扩展原则。集成系统模块化的设计，简便易懂，能够快速实现各项业务的管理和指标分析，每一处模块的设计应留有进一步扩展的功能，以便于应对新的状况下的设计需求。

3.3 营配业务本质贯通成效

营配本质贯通在基础业务流程的应用是电网企业进一步整合资源，促进营销、生产、调控等部门横向协同高效运作、大幅提升客户服务质量的重要举措。营配业务本质贯通围绕业扩报装、用电检查、计量作业等基础业务实施过程中涉及营配专业交互的重点环节，按照业务流程简化原则，抓住基础业务的关键流程，采取信息化手段，合并一部分环节，并剔除不必要的环节，注重流程循环性、时效性和减少人为因素影响的相关原则，聚焦基础业务专业协同能力提升、优质服务水平提升、安全管控能力提升、档案管理能力提升四大目标开展了一系列实践。

3.3.1 聚焦营配专业协同能力提升

在各专业基础业务实施过程中，供电方案编制、业扩配套工程实施、配变关口管理、空间拓扑维护、分布式电源接入管理等业务、环节涉及电网企业内部多部门，日常协调事项复杂，而营配专业协同是基础业务高效开展的前提，是营配本质贯通的首要任务及关键点。国家电网公司营配本质贯通建设利用企业级中台汇集整合各类数据资源，在营销2.0系统中采用数字化手段协助或取代人力资源，固化业务工作流程，简化专业协调环节，提高了专业协同能力。

1. 供电方案编制协同

在业扩报装服务中，供电方案编制是提升客户获得感的关键环节，供电方案的合理性、经济性直接影响客户投资成本、工程建设周期和办电透明度。在营配本质贯通建设以前，供电方案编制基本以现场勘察、集中会审为主，营配专业系统相互独立，缺少信息化集成手段。在确定供电电源、进线方式时，多为配电工作人员根据现场勘查情况确定，供电电源选择及线路供电能力确定时人为因素较多，供电方案制定有时欠缺经济性及合理性。

通过基于企业中台的营配基础业务全流程贯通，采用信息化、数字化、智能化的手段，能够实现辅助供电方案可视化编制，如图3-2所示，可以有效解决目前供电方案编制过程中存在的环节多、流程慢、电源选择及接入方式确认依赖人工、耗时长、方案确定不透明、客户满意度不高等诸多问题。客户经理根据客户报装位置，可在移动作业终端中搜索指定范围内的变电站、开关站、环网柜、线路、配电变压器等可接入设备，查询站内主变压器、线路及配电变压器等电源可开放容量信息，辅助生成多种供电方案，自动规划供电线路沿布路径，推荐供电电源点，缩短供电方案答复以及全过程的接电周期，提升客户经理的办公效率。

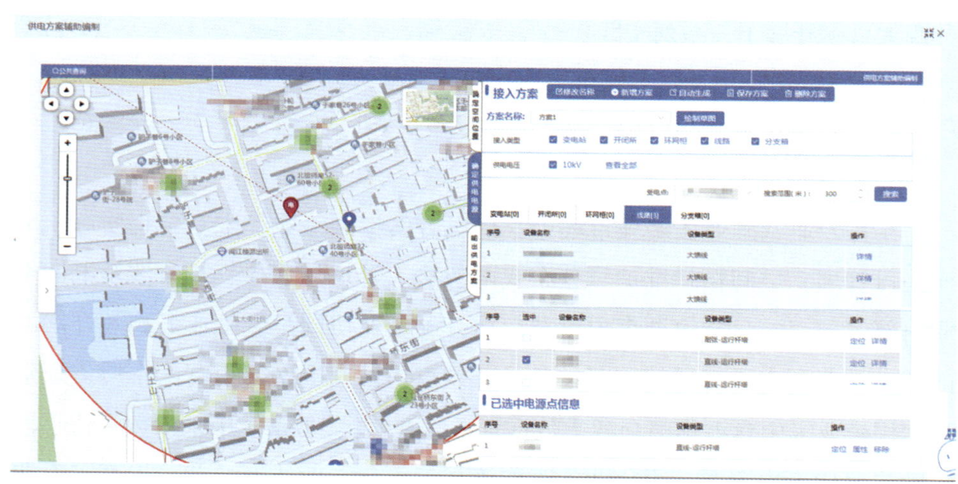

▲ 图3-2 供电方案辅助可视化编制

供电方案辅助编制充分考虑就近、改造、切转等方式，实现供电方案智能化、合理化制定，把问答题变成了选择题。主要制定过程如下：

（1）优先考虑就近。根据项目地址经纬度坐标，调用PMS3.0系统数据、GIS系统数据，自动筛选出附近的开关站、环网柜、杆线等设备点，由近及远依次匹配线路可开放容量和空余间隔（杆塔）信息，形成至少3套比选方案。

（2）其次考虑改造。在上述就近原则中，设备点无法直接接入（如无空余间隔）时，优先考虑线路改造。在筛选出的可开放线路中，如附近有设备点且设备具备改造条件，则考虑改造现有设备，如不具备改造条件，则考虑就近新增设备接入点，形成至少3套比选方案。

（3）最后考虑切转。在上述就近原则及改造原则均不能满足接入条件时，系统自动筛选周边较近的3条线路进行负荷切转。在选择线路时，按照由近及远的原则，与周边具有可开放容量的其他线路进行联络切转负荷，切转方案按照被切转的负荷大于项目申请容量原则来确定。如周边无具备切转条件的线路，则考虑由附近变电站新建线路进行接入。

（4）方案比选。从经济性（计算路径长短、工程量大小）、工程实施难易程度（考虑是否穿越河道、铁路、高速等）、供电可靠性（考虑线路同杆架设、线路容量冗余度、电缆或架空线、供电半径等）等维度进行比较，分别形成经济最优、实施难度最小、供电可靠性最高的3套供电方案供客户经理选择。

供电方案编制完成后，客户经理可通过营销2.0系统实现协同通知。一方面可通过短信或微信通知客户，如图3-3所示，以便客户及时获取供电方案安排现场施工。另一方面可推送至生产部门，以便生产部门及时开展相关准备工作。客户经理在营销2.0系统推送供电方案，通知生产部门在PMS3.0系统中进行生产立项、接入点维护等工作，同时接收PMS3.0系统的结果反馈。供电方案包含供电方案编号、用户名称、用户申请容量、供电电源、是否有业扩配套工程等信息。

▲ 图3-3 供电方案通知

2. 业扩配套工程协同

业扩配套工程计划实施是业扩报装流程的重要环节。传统的业扩配套工程计划实施主要在生产系统中进行流转，与营销系统相互独立，客户经理需要定期联系业扩配套工程项目管理单位方能获知工程实施进度，信息获取及时率低，实施过程中，经常因为信息不对称造成业扩配套实施进度滞后客户需求送电时间，影响客户送电。

营配本质贯通打通了营销2.0系统与PMS3.0系统数据通道，企业级中台能够及时获取PMS3.0系统业扩配套子系统中项目状态信息并实时传递至营销2.0系统，客户经理通过营销2.0系统便可查看工程进度，实现了业扩配套工程的协同实施。

（1）专用变压器配套工程协同。在推送供电方案时，如在流程中选择有业扩配套工程，营销2.0系统则将业扩配套工程的需求信息推送到PMS3.0系统，以便于生产部门参照里程碑的计划时间开展配套工程实施，在实施过程中，生产部门会通过PMS3.0系统把工程实际进展情况反馈至营销2.0系统，供客户经理及时掌握工程状况。图3-4是营销2.0系统配套工程里程碑信息推送界面，营销将配套工程立项、设计完成、物资领用、竣工验收等重要节点的计划完成时间推送到PMS3.0系统。

▲ 图3-4 配套工程里程碑信息

（2）小区配套新装协同。小区配套新装业务中，营销2.0系统可将供电方案、配套方案、设计文件、接入工程等业务信息推送至PMS3.0系统进行配套方案的审批、设计文件的会审如图3-5所示，并实时接收PMS3.0系统的进度反馈。营销2.0系统在竣工报验环节推送小区竣工报验信息至PMS3.0系统，PMS3.0系统反馈竣工报验联合验收结果信息。

▲ 图 3–5　小区配套新装审计文件审核

3. 分布式电源接入协同

当今社会对电能的质量、可靠性、安全性的要求越来越高，分布式电源作为传统供电电源的补充，在电力系统中得到了广泛的应用，并扮演着越来越重要的角色。随着分布式电源接入业务量的快速增长，分布式电源接入服务压力也逐渐增大，这就要求电网企业进一步细化管理手段，加快推动营配贯通建设，不断提升分布式电源接入服务效率。

以往分布式电源接入仅在营销系统建立档案并录入升压变压器、逆变器等设备信息，而未在生产系统中建立相应的设备模型。由于调度与营销部门的中压分布式电源的管理模型不同源，掌握信息不同步，在管理上存在弊端，主要表现在以下两方面：

（1）存在安全隐患。生产系统中缺少分布式电源模型导致电网拓扑结构不完整，生产部门在安排线路或台区停电检修计划时，可能因信息掌握不全面而导致制定的风险防控措施不完备，存在安全隐患。

（2）无法满足分布式电源可观可测可控要求。分布式电源模型的缺失导致调度无法对分布式电源进行测量、控制，不符合构建以新能源为主体的新型电力系统要求。

鉴于上述弊端，为加强分布式电源接入的协同管理，构建以新能源为主体的新型电力系统，营配本质贯通建设过程中对分布式电源接入流程进行优化、对分布式电源图模进行统一，通过将10kV及以下分布式光伏信息推送至电网调度平台，实现中压光伏并网集中监控、低压光伏通过台区融合终端实现可观、可测、可控。

对于中压分布式电源，营销部门在接入点后绘制新能源电站、进户总开关、并网开关（余量上网）、升压变压器，按调度命名维护进户总开关、电站的运行编号，并维护升压变压器的装机容量，同时将包含新能源电站的图模流转至调度系统，以满足调度部门掌握网架、负荷切割的需求。

对于低压分布式电源：①营销部门在新能源新装业务流程中，将发电户信息通过计量箱，汇聚至生产接入点、公用变压器；②通过业务中台与营销2.0系统接口在主站拼接，实现负荷和表计的关联；③由现场工作人员将营销进户表表号写入用户智能开关，通过融合终端召测，在主站侧建立与表计的关联。

中、低压光伏网侧模型营配集成后，实现了基于企业级中台的数据集成和共享应用，形成新能源光伏设备一张网模型贯通，为实现大规模光伏有序接入、高效消纳，保障电网安全运行奠定了基础，有效推动以分布式电源为主体的新型电力系统建设。

4. 公用配变关口计量配置协同

随着社会用电量的不断攀升，配电网升级改造持续推进，根据电网运行需求及建设改造计划，生产部门需要经常进行配电变压器新增布点或增容改造工作。以往的工作模式为配电变压器现场施工结束后，生产部门在PMS3.0系统中完成配电变压器模型维护后，再由生产部门通知营销部门在营销系统中发起关口计量装置配置流程，两个环节对接主要依靠人工完成，环节之间很难做到无缝衔接、紧密协同，关口计量装置配置环节时常滞后于现场施工环节。

营配贯通建设实现了PMS3.0系统配农网工程全过程管理（简称PMS配农网管理应用）与营销2.0系统之间的贯通。在配电变压器新增布点或增容改造项目开工时，PMS配农网管理应用即可将项目开工申请信息推送至营销2.0系统，如图3-6所示，自动触发营销2.0系统公用配变关口配置流程。营销专业的台区经理可在营销2.0系统中直接查看办理流程，完成关口计量配置，省去了联系对接配电工作人员获取工程信息与公用配电变压器关口设置流程发起的环节。

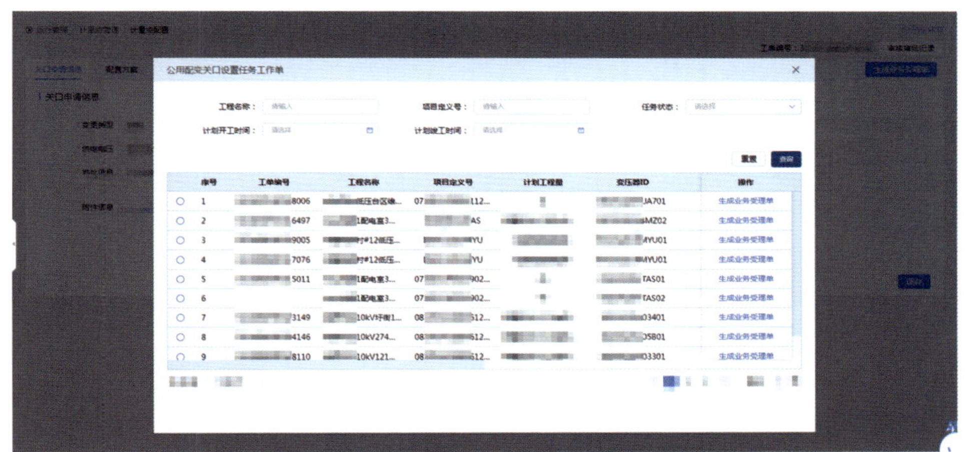

▲ 图3-6　PMS配农网管理应用推送给营销的开工申请信息

配电变压器关口配置与配电网全过程管控的业务融合，实现配电变压器投运与关口计量装置配置环节间自动触发。在配电变压器新增或改造工作开工时，台区经理即可同步开展计量方案拟定、计量装置配置等工作，实现营销与生产部门间工作的无缝衔接，切实提高了营配的协同效率。

5. 自动空间拓扑维护

空间拓扑维护是实现设备营配同步的关键环节，在业扩报装送电环节之后，通过空间拓扑维护流程在PMS3.0系统中录入营销设备信息并进行定位、沿布，提交经生产部门审批后，实现信息同步，便于生产部门管理。以往营销系统的拓扑关系维护工作主要依靠人工完成，一方面存在重复性工作量大、效率低，另一方面维护规范性、及时性有所欠缺。

营配贯通建设通过汇集营销、生产、GIS地图等营配资源，采用RPA技术，实现了空间拓扑维护流程自动化。如图3–7所示，当业务流程流转至空间拓扑维护环节时，营销2.0系统可自动签收拓扑关系维护环节，打开电网资源业务中台同源维护工具，自动绘制新投入运行的设备，根据坐标自动挂接接入点，进行线路、变压器、计量箱、接入点智能匹配；也可在设备拆除时自动解除设备与接入点的拓扑关系，拓扑维护后自动完成数据校验、GIS预沿布及图形发布。

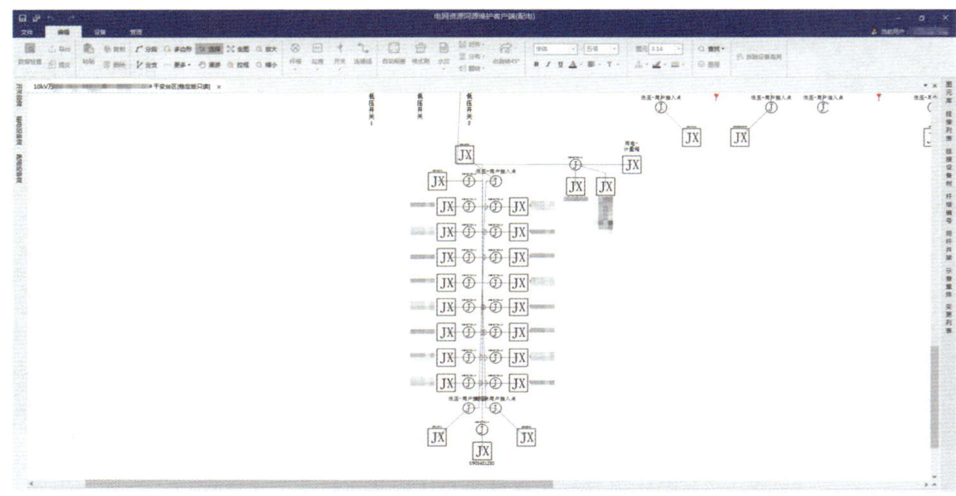

▲ 图3–7 拓扑关系维护

营销2.0系统通过提前定义好的图形维护规则，能够自主、准确、及时完成拓扑维护，有效缩短了环节时间，提高了维护效率，是客户经理在处理流程过程中“不知疲倦”的帮手。

3.3.2 聚焦客户优质服务水平提升

优质服务是电网企业营销工作重要内容之一，服务质量的提升是营配基础业务贯通建设的价值体现。政企信息共享服务、现场勘查服务、客户工程验收服务、能效公共服务等环节是当前业务流程中服务客户的主要环节，直接影响客户对电网企业服务水平的认知。营配本质贯通建设在提高专业协同能力的基础上，充分发挥各类资源优势，在服务质量提升方面形成有效合力。

1. 政企信息共享服务

通过政府政务服务平台获取城市规划和招商引资重点项目信息，是提前做好供电服务的重要渠道。因政务服务平台不属于电网企业内部信息系统，在传统服务模式下，客户经理对政务服务平台关注度较低，项目信息获取及时性差，一方面不利于提前了解客户需求，另一方面给电网规划建设工作也带来诸多不便。

营配本质贯通建设实现了营销2.0系统与政府政务服务平台的业务关联，打通了营销2.0系统与政务系统之间的数据通道，实现了政企信息的互联互通，营销2.0系统可以从外部政务系统获得城市规划和招商引资重点项目信息，包括企业的项目批文和重点项目清单等重要信息，实现简化收资手续，减少客户经理上门收资的工作量，提高服务效率。更重要的是通过提前获取企业项目信息，可以主动挖掘客户潜在需求，对项目精准定位、深度分析和应用赋能。图3–8是营销2.0系统中土地出让划拨信息获取页面。

▲ 图3–8 出让划拨信息获取

客户经理在对接客户前，可通过营销2.0系统作业池查看从政务平台抓取来的项目信息，提前获知项目批复文件、营业执照、投资主体名称、项目位置、客户联系方式等信息，在充分了解项目基本信息的情况下，对接服务客户，更能够体现客户经理服务的专业性，也更加容易赢得客户信任与认可。同时，生产部门也可通过政务数据共享提前获取产业项目信息，超前开展电网规划及配电设备的新建改造，为客户快速接电奠定基础。

2. 现场勘查服务

现场勘查是多种业务流程的前端环节，现场勘查环节的结果决定了后续环节的开展方向。传统现场勘查环节对工作人员经验依赖性强，工作人员对勘查地点周围环境及供电电源分布、供电能力的熟悉程度直接影响着现场勘查工作开展效率及准确性。

营配本质贯通建设在移动作业方面取得了明显成效，能够辅助客户经理进行现场勘查，解决了现场勘查依赖人员工作经验的弊端，提高了现场勘查的准确性与工作效率。移动作业终端能够实现基于GIS地图展示勘查地点附近供电线路、接入点分布、客户位置距离等。以业扩报装现场勘查环节为例，客户经理可通过移动作业终端进行电源搜索查看，并确定附近可接入的电源点，选择电源点后可在地图上展示接入方案绘制，可以直观看出选择不同电源点后的接入方案情况，以便客户经理为客户选择经济合理的接入方式。

3. 客户工程验收服务

客户工程验收是业扩报装必不可少的环节。以往客户工程验收由客户按照竣工报验要求准备竣工报验资料，到供电营业厅申请竣工验收，由业务受理人员对客户提交的资料进行核实，若资料存在问题则需退回重新修改，造成客户多次往返，降低了客户工程验收投运效率。

营配本质贯通通过线上化、电子化、结构化的竣工验收，简化了用户、客户经理双方的工作量。报验档案结构化实现了数据结构化、档案电子化，减少人为填报失误，提高信息准确率和业务办理效率，优化客户服务体验。

客户可使用“网上国网”客户端线上提交受电工程竣工报告、交接试验报告等相关资料进行线上竣工报验。客户经理收到消息提醒，接收竣工报验流程，查看报验资料并调阅相关附件，对客户提交的材料进行核实，并在验收意见书上结构化填报各电气设备的验收意见、合格情况等信息。

客户经理奔赴现场后，收集验收资料结构化填报竣工验收意见，通过“网上国网”给客户传递意见书。客户在“网上国网”可查看验收进度和结果。

3.3.3 聚焦业务安全管控能力提升

安全是一切工作开展的基础，安全管控能力提升是营配本质贯通的主要目的之一。营配基础业务贯通建设针对计量现场作业、用电安全检查、停送电计划等安全管控重点环节，深入剖析安全风险点，通过信息化手段监控安全隐患，加强作业计划性与规范性，实现安全管控能力提升的目标。

1. 计量现场作业管控

计量作业现场不同于生产部门的线路新建及设备改造的大型工作现场，其现场作业人员较少，作业规范性较差、安全监督不全面。大型的工作现场均按照要求配置了单独的工作负责人，由工作负责人向工作人员交代现场工作相关事宜，严格按照工作票及作业规范执行，而在电能计量这样的“小零散”现场，由于电能计量作业现场情况较为单一，作业内容也大都为重复性的工作，作业人员极易出现疏忽的情况。

综上，电能计量作业现场危险因素主要包括两方面：①工作任务量大，并且缺少一定计划性；②小型作业现场安全检查监督少，工作人员安全意识松懈可能性大。通过营销2.0系统现场安全管控平台，实现现场作业计划协同，提高作业安全水平。

现场计量工作人员在开展现场作业前，提前通过移动作业终端填报现场工作计划，包括工作人员、工作地点、工作时间、工作内容、危险点及安全措施、风险等级等内容。计划提交后会自动同步至安监部门的安全管控平台备案，安监部门获取作业计划后可根据每日工作计划抽查作业现场，加强安全作业监管水平。安全管控平台中也已提前录入了所有具备现场作业资质的人员信息，保证作业人员作业资质可查可控。

现场作业时，作业人员使用移动作业终端选择工作计划内容，并通过人脸识别自动录入人员信息，确保工作人员具备现场作业资质。确认人员信息后，移动作业终端会自动扫描作业人员基本安全措施执行情况，包括是否佩戴安全帽、穿工作服、戴绝缘手套等内容。基本安全措施全部执行无误情况下，移动作业终端方可允许进入现场作业。同时，移动作业终端支持现场作业情况实时录制上报功能，工作人员可使用支架固定移动作业终端，打开现场作业情况实时上报功能，移动作业终端可录制作业现场画面，并实时传递至安监部门的安全管控平台，以便安全管控人员调取查看现场作业情况。

通过营销2.0系统与安监部门安全管控平台的贯通建设，实现了计量现场作业安全管控协同，提高了计量现场作业计划性与规范性，大大提升了计量现场作业安全管控水平。

2. 用电检查安全管控

用电安全检查既是电网企业的权利，也是电网企业的义务。在使用电力的过程中，电网企业需要通过定期检查掌握电力用户安全生产、合同履约情况，帮助电力用户解决电力问题，及时发现与制止违约用电行为。同时电网企业也需要通过定期检查，了解电力用户的生产运行情况，为电力用户的生产经营服务。定期现场检查就是电网企业用电检查人员，依法针对不同类型的用户，根据规定的检查周期，针对用户执行有关电力法律法规政策、履行供用电合同、管理电气运行与设备安全等多方面内容制订检查计划，并按照计划开展的检查工作。传统用电检查业务开展过程中的相关信息主要通过手工记录，检查结束后针对发现的安全隐患也是通过纸质方式下达《用电检查结果通知书》告知客户。

用电检查员可通过营销2.0系统自动制订年度、季度或月度的现场检查计划。在现场检查前，移动作业终端可根据GIS平台信息为用电检查员展示当前所在的位置与客户所在位置最佳行驶路线，便于工作人员快速找到客户位置。

用电检查员在现场检查过程中，可根据移动作业终端中提示待检查的设备清单，逐个开展检查，并在移动作业终端的现场检查流程中记录，上传现场检查照片。检查结束后，系统将生成电子化的《用电检查结果通知书》，客户可在移动作业终端上进行电子签收。同时，现场检查发现的隐患也将自动录入在线用电检查安全隐患库，用电检查员可随时查看所辖范围内所有用户存在的安全隐患，以便开展安全隐患的动态整改，提高客户端安全管理水平。

3. 停送电计划管控

客户工程在验收合格后，通常由客户经理线下提出送电计划申请，送电计划需经营销、生产等部门集中会商平衡确定，最后由生产部门进行计划送电。因送电申请流程主要采用线下模式，无论是客户经理的申请还是集中研讨会商，都只能定期开展，无法做到随时需求、及时响应，整体流程冗余，花费时间较多，停送电计划灵活性低。并且如果送电计划时间有变更，还需履行线下变更申请，并经相关部门同意后方可变更，不仅变更效率低，而且给各部门工作人员带来很大工作量。

营销2.0系统在进行业扩报装过程中，客户经理可将停送电计划申请或变更的意向接电日期报送给电网资源业务中台进行审批，如图3–9所示。同时获取电网资源业务中台的审批结果。停送电计划的协同通过停送电计划的线上申请、审批，能够进一步加强停送电作业的计划性，提升停送电计划管控能力。同时，也能够有效缩短申请、审批环节，减少营销、生产等部门工作人员工作量，提高工作效率。

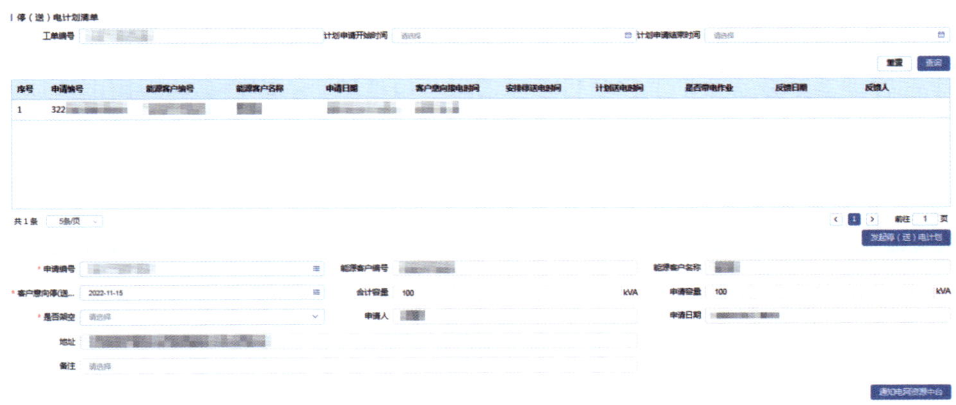

▲ 图3–9　停（送）电信息推送

3.3.4 聚焦基础档案管理能力提升

档案能力提升是营配基础业务本质贯通建设的重要组成部分。营配基础业务在流转过程中涉及大量档案资料采集与变更，营配贯通建设围绕传统档案管理过程中信息化程度低、移交难度大等难点，在档案交互过程中，实现电子化采集、移交，提高营配档案管理效率。

1. 营配档案电子化移交

在电网的建设和维护过程中，当出现设备变更时，需要对变更的数据进行维护，以保证各业务系统中的数据与实际的电网情况一致。配电网设备变更情况包括配电网工程、业扩工程、户表变动及其他需修改电网拓扑、设备台账的情况。

（1）配电网工程电子化移交，是指由于配电网基建、大修技改、迁改工程、业扩配套工程等原因，引起的设备变更时的实时更新、动态维护工作。项目竣工前，在PMS3.0系统发起设备异动流程进行设备的更新、维护及审核工作。完成资料更新发布后，通过企业中台回传电子化移交的处理状态信息至基建项目管理及其他项目管理系统，并将设备变更情况传递至各业务系统进行自动更新。

（2）业扩工程电子化移交，是指由于业扩工程项目原因，引起的设备变更时的实时更新、动态维护工作。营销管理系统在供电方案确定后，自动向生产管理系统发送业扩工程项目基本信息（申请编号、客户名称、用电地址、所属单位），业扩工程具备送电条件前，项目管理单位在生产管理系统中发起设备异动流程进行设备的更新、维护及审核工作，在生产管理系统中完成会审后，通过电网资源业务中台将会审状态传递给营销2.0系统，营销2.0系统才可完成竣工报验传递。完成设备档案更新发布后，通过电网资源业务中台，将设备变更情况传递至各业务系统进行自动更新。

2. 用电信息电子化采集

客户经理在上门服务过程中利用移动作业终端现场采集客户资料，通过移动作业终端将所需办电资料上传业务平台，快速响应客户需求，提升客户办电体验，实现更加高效的沟通互动。利用现场服务等客户触点开展客户基本信息、用能信息的采录收集，洞察客户的潜在意向和行为偏好，支撑对客户的个性化延伸服务。客户经理从移动作业终端采录的项目信息，可自动回传更新到营销2.0系统中。服务过程中，客户经理也可以根据客户用电需求，利用移动作业终端采录项目的用能需求，向客户进行电力产品推荐，提供用能建议。根据现场交流，客户经理可记录客户的潜在需求，手动为其打上客户标签，系统形成客户画像。

4 营销服务一张图应用实践

4.1 营销服务一张图的定位

地图是现实世界地理的缩影，与人们的日常生活息息相关，而网络地图服务，以其信息的实时性、多样性、海量数据等优点，成为传统地图的延伸，同时扩展出无法替代的实用性和功能性，随着移动互联网信息技术的发展，网络地图已成为人们经常使用的互联网服务之一。地图体现出数据的空间位置和时空变迁的规律和趋势。通过图形、图像、多元素关联图表等可视化方法来展示数据的分析结果，既能够一目了然地展示结果，又能展示数据内在关联，是一种有效简洁的大数据展示方式。这种可视化的展示方法不仅能够利用图样简单易懂地显示数据复杂关系，还能够对数据做出详细的多维展示，通过交互的方式，直观地揭示出各类型数据之间的关联和特点，充分挖掘数据的价值。

电力可视化地图是一种图形化的数据资产管理工具，汇聚多种来源的电力数据信息，通过深度认知、元数据管理、数据语义关联、数据集成等手段，动态紧密地融合各类型数据，建立数据之间的关联，实现在语义一致、时空一致环境下的电力建设业务对象信息一体化，提供语义网络内的业务数据信息组织、查询、浏览服务，提供关于电力建设对象全方位、多角度的智能信息传递服务，并根据电力建设业务相关信息特征的立体化、智能化表达以及数据信息的物理分布与相互联系，动态表达电力对象的过去、现在以及将来发展的可能方向。

随着电网企业营销业务的不断拓展和地图技术的发展，营销业务的展现及办理形式也在不断地发生变化，与地图的结合也越来越紧密。通过地图来开展营销业务，不仅可以直观地展示业务发生的位置，也可以提升业务办理的效率，丰富客户服务的方式。国家电网公司打造的营销服务一张图正是基于此背景产生的。

在营销服务的汪洋大海中，营配本质贯通宛如一条航运繁忙的水道，营配数据工程就相当于水道中流动的河水，营销服务各类资源就是源源不断汇聚到水道的支流，营销服务中的业扩工程管理、停电管理、线损管理等各项业务应用就是航行的船舶。船舶能否顺利通航，货物（具体业务）能否及时、安全、圆满抵达目的地，有赖于航道河水流动、船舶自身设计、合理路线规划，以及人船之间的协同，更有赖于营销服务航海“图”的构建。

营销服务一张图不是重新构建一套专门用于营销业务的地图平台，而是在客户服务业务中台、电网资源业务中台、思极地图、电网GIS平台、营配本质贯通、电网一张图等建设成果基础上，根据营销核心业务、外围业务、支撑业务、外部业务等的需要，通过汇聚、整合、重构营销、生产、调度、规划等多专业的资源，实现营销服务在地图上的数据管理和发布，构建统一的营销图上服务能力，服务营销数字化转型，为营销业务图上展示及图上业务办理提供技术支撑。如图4-1所示，营销服务一张图资源来源于电网企业不同专业的信息系统。

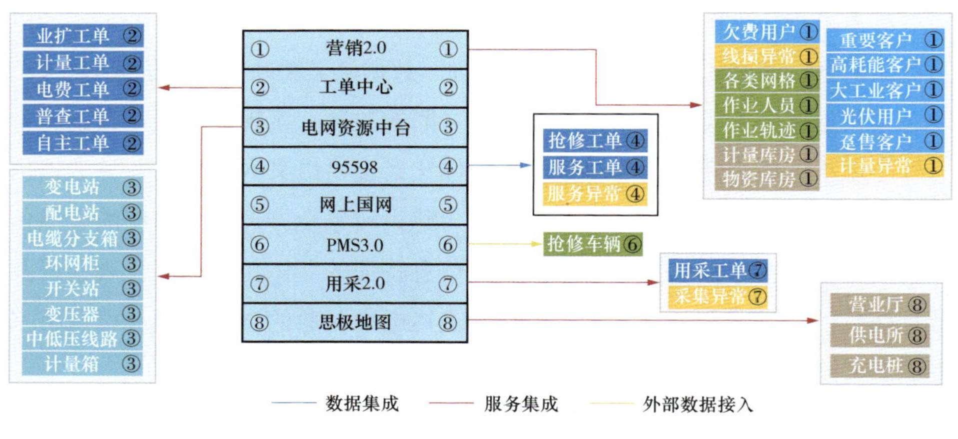

▲ 图4-1 营销服务一张图资源来源

图4-2是营销服务一张图应用展示。营销服务一张图定位企业级应用服务：①汇集并融合多源异构的基础地理空间数据和营销业务数据，全景呈现营销服务的资源分布、状态、业务活动和变化；②深入挖掘数据信息，提升数据价值，构建专题分析模块，辅助管理决策，开展业务图上作业、图上监测等；③面向营销和其他业务部门提供统一的营销专题图层共享服务，实现

互联互通和数据共享。

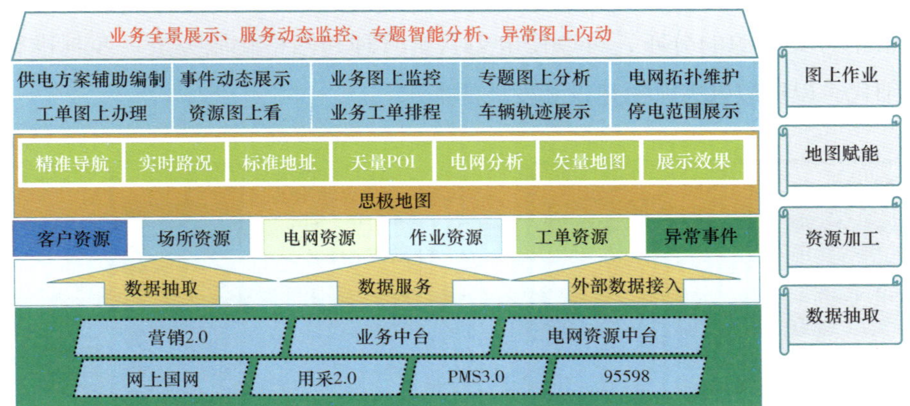

▲ 图 4-2 营销服务一张图应用

4.2 营销服务一张图的要素

4.2.1 核心要素组成

电子地图给人们提供了丰富的应用场景，我们可以在地图上搜索酒店、医院、商场等位置，也可以为自己规划导航合适的行驶路径，还可以查看外卖小哥的送餐轨迹及预计到达时间等。这些场景的应用普及，离不开地图中的道路、建筑、坐标、气象等各类资源数据，没有这些数据，电子地图就如白纸一般。但是仅有静态的资源数据，无法将这些资源数据进行动态的串联、智能的分析和广泛的服务，那么电子地图也如纸质地图一样固化、呆板，“动”不起来。因此国家电网公司将资源数据和能力服务作为构建营销服务一张图的核心组成要素。

营销服务一张图的资源数据可以分为静态资源和动态资源两类，如图4-3所示，静态资源包括客户资源、服务资源、电网资源等，动态资源包括工单资源、作业资源、异常事件资源等。通过将各类资源有机融合，为营销客户服务可视化展示、智能化分析、精益化管理提供基础数据支撑。资源数据在地图的分布与地理位置存在着天然的联系。以地图为载体，用地图的语言展示营销各类资源的分布，可以使电力营销管理和网格化服务进一步标准化、精细化，以适应电力营销建设和发展的需求。

客户资源	场所资源	电网资源
重要客户 ①	缴费点 ⑧	变电站 ③
高耗能客户 ①	计量库房 ①	配电站 ③
大工业客户 ①	物资库房 ①	电缆分支箱 ③
光伏用户 ①	缴费终端 ⑧	环网柜 ③
有序用电客户 ①	营业厅 ⑧	开关站 ③
趸售客户 ①	供电所 ⑧	变压器 ③
欠费用户 ①	充电桩 ①	中低压线路 ③
		计量箱 ③
		表计 ③

静态资源类

①	营销2.0	①
②	工单中心	②
③	电网资源中台	③
④	95598	④
⑤	网上国网	⑤
⑥	PMS3.0	⑥
⑦	用采2.0	⑦
⑧	思极地图	⑧

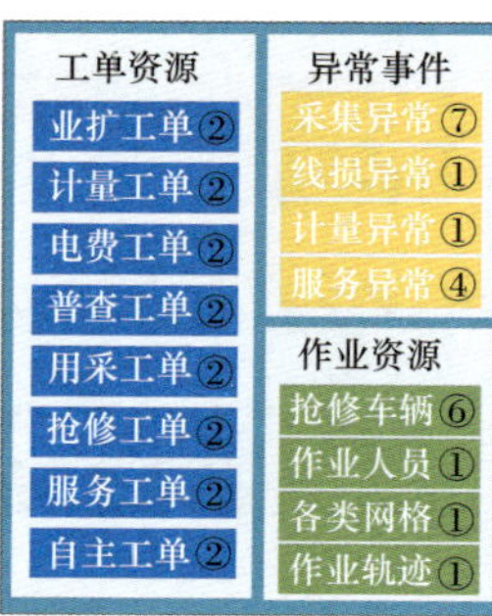

▲ 图 4-3　营销服务一张图资源示意图

营销服务一张图服务能力依托于思极地图和电网 GIS 平台，如图 4-4 所示，依托思极地图的地图导航、实时路况、标准地址、兴趣点和电网 GIS 平台的电网拓扑分析、电网空间分析等基础能力，支撑营销业务在用户位置定位、工单导航、供电方案辅助编制、电源搜索、标准地址输入、气象信息等业务

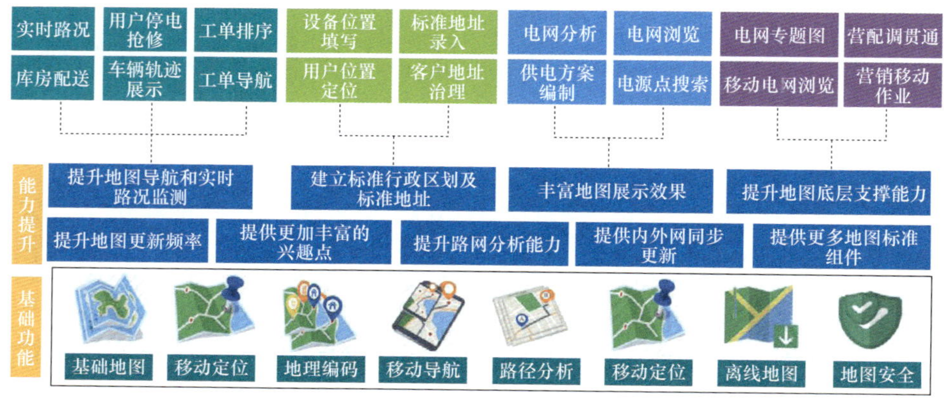

▲ 图 4-4　营销服务一张图 GIS 支撑

的应用功能需求。运用地图寻求营销资源数据在时空中的基本规律，挖掘数据本身的内在价值。

4.2.2 营销服务资源

营销服务一张图中，把为客户服务的资源统称为营销服务资源，包括充电桩、营业厅、库房、缴费终端、缴费网点等。电网企业要真正提升电力营销优质服务水平，就必须制定科学、合理的营销策略，建立以客户为中心的营销观念，不断优化客户服务方式。营销服务资源作为直面客户的一线资源，在整个营销服务一张图中是最为重要的资源。

1. 充电桩资源

国网电网公司深入贯彻党中央、国务院关于碳达峰、碳中和的决策部署，狠抓“十四五”能源规划和能源领域碳达峰方案的落地实施，推动能源绿色低碳转型和高质量发展，坚持以纯电驱动为新能源汽车发展的主要战略取向，将充电基础设施建设放在更加重要的位置，加强统筹规划，统一标准规范，完善扶持政策，创新发展模式，培育良好的市场服务和应用环境，形成布局合理、科学高效的充电基础设施体系，增加公共产品有效投资，提高公共服务水平，促进电动汽车产业发展和电力消费，方便群众生活，惠及民生。

同时为支持新能源汽车消费，引导农村居民绿色出行，促进乡村全面振兴，助力实现碳达峰碳中和目标，工业和信息化部、农业农村部、商务部、国家能源局、国网电网公司多次联合组织开展新能源汽车下乡活动。倡导“绿色、低碳、智能、安全——满足美好出行需求，助力乡村全面振兴”。目前电动汽车数量正在逐年加速增长，2025年将满足超过2000万辆电动汽车的充电需求。

在此背景下，在地图上总览充电桩情况必不可少。通过接入充电桩的名称、序号、地址等基础数据和充电设施的运行信息，利用地图对充（换）电站、充电桩的运行情况进行可视化展示。对运行异常情况进行预警，当充电设施运行异常时，地图上充电设施图标高亮颜色显示并闪烁，提醒工作人员查看异常的运行数据。同时，通过在营销服务一张图接入充电设施现场的视频信息，在地图上选择充电设施后可以直接展示现场的实况影像。

图4-5是充电桩分布展示聚合图，通过充电桩在地图上的分布情况，为充电桩的合理规划提供依据，方便电网企业对充电桩进行运行维护和布点。

▲ 图4-5　充电桩分布展示聚合图

2. 营业厅资源

电力营业厅是电网企业对外提供办理电力相关服务的窗口，主要业务范围包括用电查询、电费缴纳、业务办理、故障报修、业务咨询、服务开通等方面。

在营销服务资源一张图上，点击营业厅图标可展示营业厅的名称、地址、营业时间、所属单位等详细信息。汇聚营业厅智能服务设备数据，可以对营业厅的人流和业务信息按天、按周和按月进行统计，形成近期人流量曲线变化图和业务统计堆积图。

通过监控营业厅服务设备的运行状况，可以按区域显示营业厅的实时运行状况，如图4-6所示。发生异常的设备在地图中显示报警信息，提醒维护人员对设备进行维护和调配；通过对移动收费设备的现金收取情况、柜台当日已收取的现金、自助设备钱箱内的资金进行监控，在其达到预警阈值时进行预警，提醒管理人员对资金的安全进行监督；通过对营业厅在地图上的展示，可以对营业厅的分布情况进行总览，为营业厅的合理布局和规划提供依据。

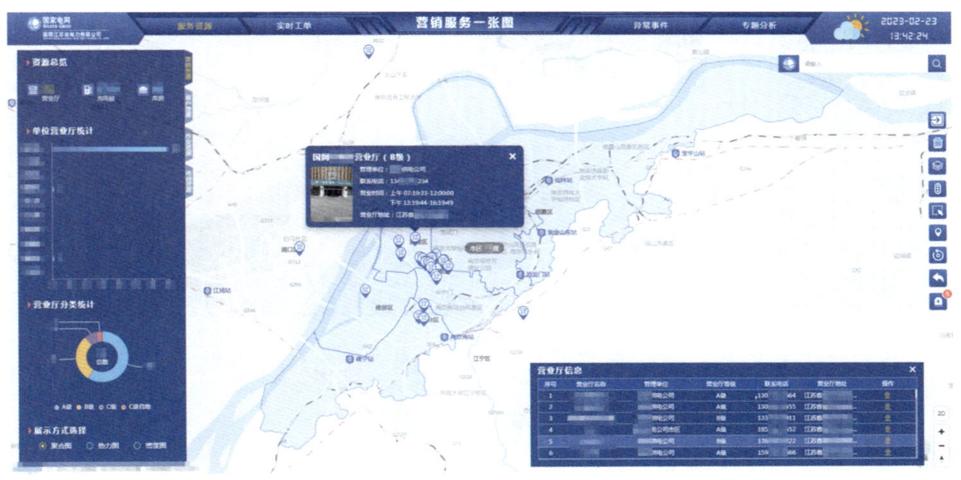

▲ 图 4-6 营业厅信息展示图

3. 库房资源

库房是电网企业存放设备物资的场所。数字化智慧库房以实现安全、生产、备件“三库”一体化数字化管理为目标，涵盖入库、存放、领用、归还、送检、报废等全生命周期的各个环节，实现各类实物业务数据全流程管控、管理集约化、资源可视可控、决策高效智能，提升电网企业实物管控智能化水平。

基于地图的可视化展示，可以浏览库房的详细信息，包括库房名称、库房级别、运转方式、库房分类、库房地址等，对库房的分布情况进行总览，为库房的合理布局和规划提供依据。在营销服务一张图上，可以对库房内设备的关键数据（设备类别、状态、数量），包括电能表、互感器、计量箱等库存信息进行可视化展示，对库存状态变化、异常情况给予预警，如图4-7所示。

▲ 图4-7　库房信息展示图

4.2.3 营销客户资源

重要电力用户是指在国家社会、政治、经济生活中占有重要地位，对其中断供电将可能造成人身伤亡、较大环境污染、较大政治影响、较大经济损失、社会公共秩序严重混乱，电网企业供电范围内的用电单位或者对供电可靠性有特殊要求的用电场所。对重要电力用户供电电源及自备应急电源配置、保安负荷的确定、隐患排查和治理、设备运行要求、应急预案都有特殊规定。通过在地图上对重要客户的分布情况进行总览，可以查看重要用户的分布，为应急抢险、保电等业务提供重要支撑。

基于地图，展示重要客户的客户编号和客户名称、客户地址、负荷等级、联系信息等数据，如图4-8所示。通过对客户的供电路径、历史工单信息、客户服务信息等详细信息实时查看，提高电网企业对重要客户进行管理和沟通工作效率。

▲ 图 4-8 重要用户信息展示图

4.2.4 营销作业资源

1. 人员资源

在地图上对员工的分布情况进行总览，利用移动作业终端对人员进行定位显示，展示人员的姓名、岗位、职务和管理单位等详细信息，如图 4-9 所示。在地图上可以对人员的工单分布进行展示，并可以对工单进行排程，对人员每天服务的时间、地点、客户在地图上以轨迹方式进行展现。查看工作人员的关联工单，了解其工作状态，方便电网企业对人员资源和工作情况进行管理和分析。

2. 网格资源

网格是电力营销的重要管理资源，在服务工作过程中，以网格为基本服务单元，通过开展网格化综合服务管理建设，真正实现网格服务数据的一手掌握、运行数据的一图查看，提升网格经理的主动服务意识和工作效率。

▲ 图 4-9　工作人员信息展示图

营销服务一张图可以在地图查看网格内的采集异常、服务异常等的分布情况，查看停电的范围分布和网格内抢修工单的抢修路线信息、车辆信息和抢修工单信息，如图4-10所示。雷达图可按客户万户投诉率，电费回收率、工单按时完成率、工单超期率、采集成功率等不同角度分析网格的健康状况，方便电网企业开展网格化业务管控。

4.2.5 电网设备资源

电网设备设施的位置、关键参数台账是公司的核心数字资产，反映了电网供电能力。基于地图，展现变电站、线路和变压器等电网资源，在地图上直观呈现各类设备资源的分布、状态，为资源使用和图上作业提供保障。一方面，数据录入维护与基层班组日常工作息息相关，信息系统应用的便捷性直接影响员工工作效率，需要便捷、高效的地图平台进行支撑；另一方面，聚合了核心数据的地图平台成为公司网络安全的重要防护对象，尤其在作业应用逐步向移动互联网转型，更需要统一地图入口便于严格监管。

▲ 图 4-10 网格资源信息展示图

1. 变电站资源

变电站是电网的核心环节，智慧变电站的出现改变了传统变电站运维模式，随着变电站智能化、绿色化的转变，电网企业逐步构建“无人值守+集中管控”的变电运维新模式，推进智慧电网的发展。

在营销服务一张图上查看变电站的分布情况、名称、电压等级、管理单位等基本信息，并对变电站供电范围进行智能分析，增强变电站安全生产保障能力，提高运检精益管理水平。

2. 线路资源

电力线路是指在发电厂、变电站和用电客户间用来传送电能的线路，是供电系统的重要组成部分，担负着输送和分配电能的任务。电力线路是将变、配电站与各电能用户或用电设备连接起来，由电源端（变、配电站）向负荷端（电能用户或用电设备）输送和分配电能的导体回路。电力线路按电压高低分，有高压线路和低压线路。高压线路指 1kV 及以上电压的电力线路，低压线路指 1kV 以下的电力线路。电力线路按结构形式分为架空线路、电缆线路和室内线路等。

基于地图，可查看中压线路和低压线路的分布情况。如图4-11所示，对线路编号、线路名称、电压等级等进行展示；对线路的拓扑分布情况、供电范围进行智能分析，支持停电范围分析、可视化抢修、供电方案辅助编制，为线路改造和供电范围优化提供参考。

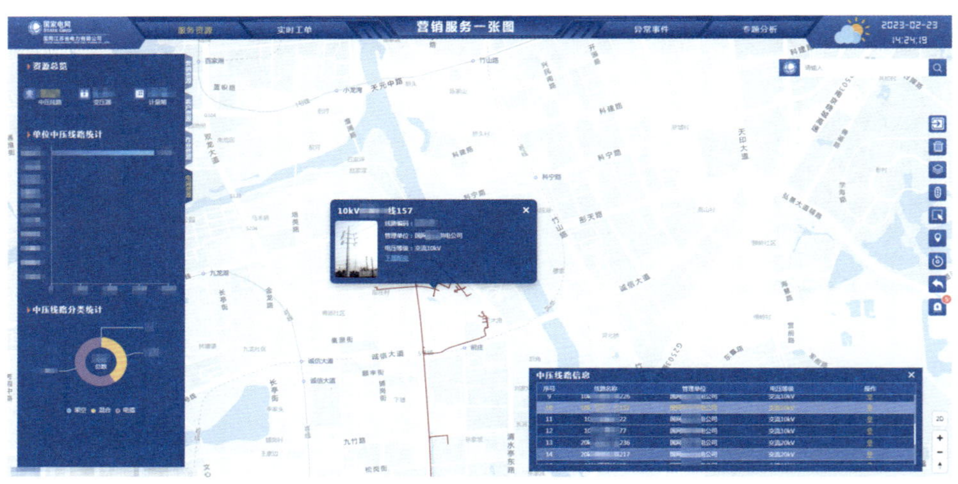

▲ 图4-11　中压线路信息展示图

3. 变压器资源

电力变压器是一种静止的电气设备，是用来将某一数值的交流电压（电流）变成频率相同的另一种或几种数值不同的电压（电流）的设备。电力变压器是发电厂和变电站的主要设备之一。变压器的作用是多方面的，不仅能升高电压把电能送到用电地区，还能把电压降低为各级使用电压，以满足用电的需要。总之，升压与降压都必须由变压器来完成。在电力系统传送电能的过程中，必然会产生电压和功率两部分损耗，在输送同一功率时电压损耗与电压成反比，功率损耗与电压的平方成反比，利用变压器提高电压，减少了送电损失。

基于地图，对变压器情况进行展示，如图4-12所示，查看变压器编号、变压器名称、电压等级、所属线路等信息，对变压器的实时电流电压进行召测，并展示负载情况，为电网企业变压器科学合理布点提供支撑。

▲ 图 4-12 变压器及低压线路信息展示图

4. 计量箱资源

计量箱是为了计量电能所必需的计量器具和辅助设备的总体；包括电能表，计量用电压，电流互感器及其二次回路，电能计量屏、柜、箱等。

基于地图，可以看到电网图层中计量箱的分布情况，如图4-13所示，展示计量箱编号、计量箱名称、数量等信息；通过电能表可以看到电能表的资产编号、用户编号台区经理名称等信息，分析电能表的电流和电压曲线，对

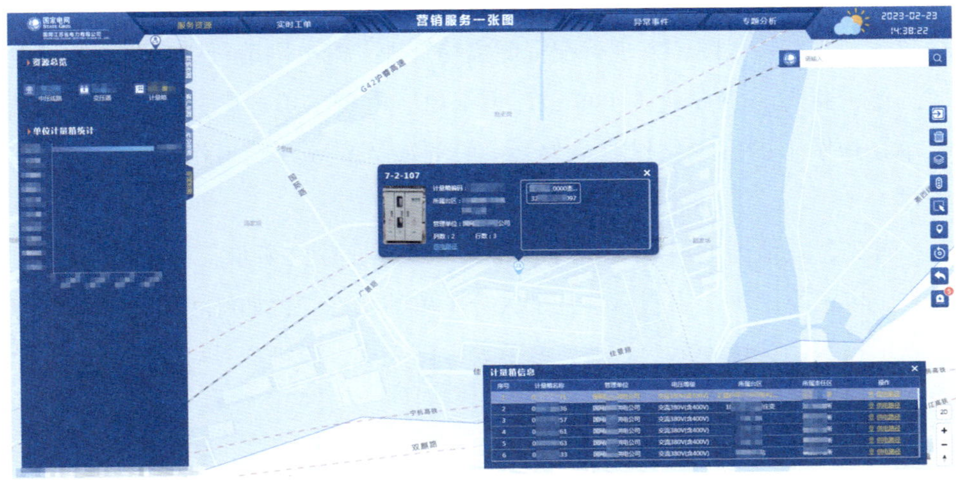

▲ 图 4-13 计量箱信息展示图

电流和电压信息进行实时召测，支持计量箱可视化抢修。

4.3 营销服务一张图的应用

依托营销资源和业务信息开展可视化展示和全过程实时动态跟踪，打造以地图为中心的营销业务图上可视化体验。以营销业务工单管理、事件管理、员工管理、设备管理等业务为抓手，开展图上作业、图上服务、图上治理等营销可视化管理工作，提升营销业务开展体验。通过打造统一的图上作业应用新入口，高效支撑业扩报装、停电管理、车辆管理等营销业务开展，助力工作提质增效，提升供电服务品质，实现营配工作效率、效益双提升。

4.3.1 营销实时工单

通过地理位置将“人—设备—环境—工单”关联耦合，构建虚拟世界和现实世界的连接枢纽，适应并支撑公司业务向图上作业转型。结合客户档案、营销资源、用电信息采集、客户服务和设备运行等数据，基于思极地图构建营销服务一张图，实现营配资源集约管理、配电网运行实时监测和供电服务统一指挥，支撑业扩工单、计量工单、电费工单、服务工单等八大类工单在地图上的可视化作业，为营销服务人员高效开展工作提供空间服务支撑。

首先，在地图上展示工单的分布情况，如图4-14所示，显示工单名称、分类、申请原因等，用图标颜色来区分工单的状态，比如红色表示超期，橙色表示预警，蓝色表示待处理，绿色表示已完成。通过户号可以查看办理的业务流程、工单详情等信息。

▲ 图 4-14　业扩工单信息展示图

其次，工单分类展示，根据工单图标差异化定义，在地图上展示不同类别的工单，图标的颜色可伴随工单是否为超期工单和预警工单进行变化，让客户经理直观方便地识别工单的类型、状态等信息；客户经理可以根据工单的位置，在地图上发起工单排程和导航，地图根据用户当前和工单所在的位置，智能推荐三条规划路径供客户经理选择；为防止工单超期，在地图上还可以对工单进行督办操作，可以对任意工单发起督办操作并产生督办工单。

例如，工作人员客户经理小张，管辖范围内有电力新装用户，如图4-15所示，根据工单类别和工单图标颜色，可以识别工单的状态，可以根据工单的位置，在地图上发起工单导航规划，根据地图查看新装工单用户当前的位置和工单所在的位置，方便小张对工单及时进行处理。

在地图上可发起工单智能排程和工单导航，工单智能排程是在地图导航算法的基础上，对算法进行优化。地图导航在判断起点、终点和途经点时，会考虑道路拥堵状况和距离长短，工单智能排程是在地图导航算法的基础上，增加紧急工单、超期工单和预警工单、人工排序等条件，对工单的排程顺序进行优化，让工单的排序更适应工单的紧急程度和实际办理要求。客户经理

▲ 图 4-15　业扩工单信息图上展示

根据目前所在的位置和工单所在的位置，按照时间最短、距离最短、避免拥堵算法自动推荐规划路径供客户经理选择，还可以根据工单是否超期、是否预警、是否紧急等条件对工单进行智能排程，系统根据条件求出满足需求的最优路径，如图 4-16 所示。

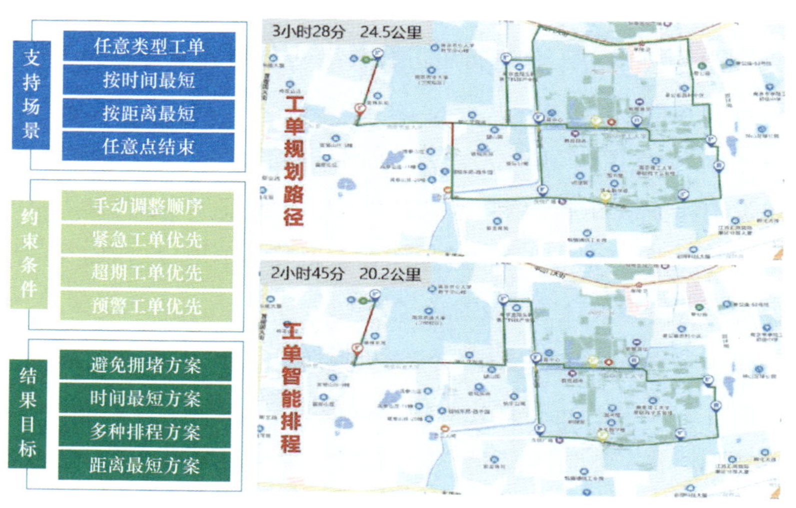

▲ 图 4-16　工单智能排程前后对比展示

对营销资源和业务信息的可视化展示和全过程实时动态跟踪，打造以地图为中心的营销作业图上可视化体验。以营销业务工单管理、事件管理、员工管理、设备管理等业务为抓手，开展图上作业、图上网格、图上服务、图上治理等营销可视化管理工作，提升营销业务办理体验。通过建立统一的图上作业应用入口，高效支撑业扩报装、车辆管理、停电管理、客户服务等营销业务开展，实现工作提质增效，提升供电服务品质，实现营配工作效率、效益双提升。

4.3.2 营销事件

电力营销工作中每天都在发生着各种各样的事件，这些事件或多或少影响电力工作的开展，如停电事件、客户投诉事件等。依托营销服务一张图，汇集营销2.0系统、配电自动化、用电信息采集系统等系统的实时数据，实现站、线、变、箱、表、户的全链路运行状态监测，快速响应各类异常信息，支持配电网抢修、客户服务、电能采集等工作的开展。

营销服务一张图上可对各类异常信息进行查看和分析，并可根据异常类别分别自动生成异常工单，督促相关部门进行分别处理。主要营销事件包括停电事件、计量设备异常、采集异常、线损异常、配电变压器异常和服务异常。

1. 停电事件

汇聚故障停电、计划停电、临时停电、超负荷停电等各类停电信息，实现了停电信息直观监测，叠加营销网格、抢修工单、电网拓扑、抢修车辆和人员等数据，实现停电影响范围、停电电网拓扑、行驶的抢修车辆、重要客户在地图上进行可视化展示。在地图上标识停电的区域，如图4-17所示，通过不同颜色、符号表示故障停电、正在停电、将要停电的区域。查询某段时间范围内的停电信息，计划停电的开始时间、计划停电的结束时间等信息，在地图上可以对停电的重要客户的基本信息进行展示。

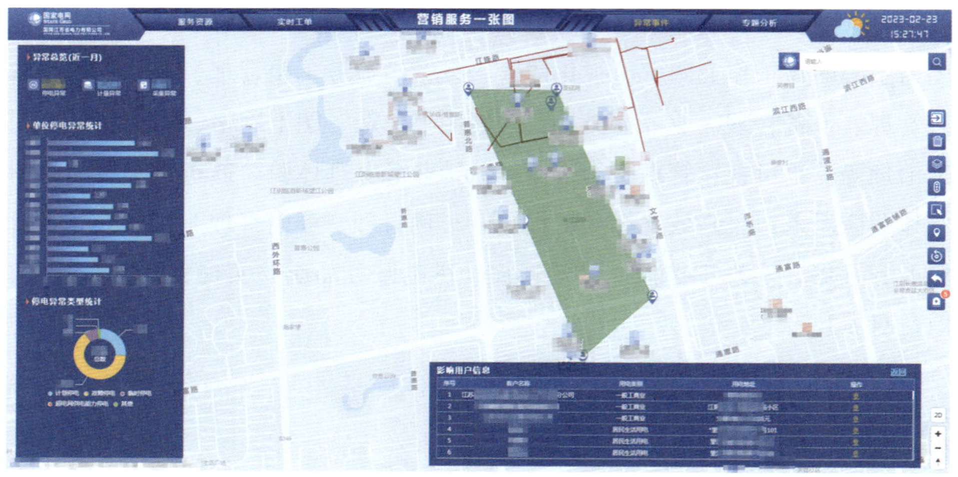

▲ 图 4-17　停电范围图上展示

例如公司配电网抢修指挥班接到某小区张先生的报修信息，同时故障研判系统已经在GIS图上自动定位报修点、追溯电源点，并掌握了低压电表、低压开关、公用配电变压器等设备的实时信息，迅速判定是某花园1号配电变压器故障后，对故障影响的全部用户和离故障点最近的抢修车进行提示，如图4-18所示。10min后，抢修人员抵达现场并实时传回抢修进度和现场画面。

▲ 图 4-18　停电电网拓扑图上展示

2. 计量设备异常

电能计量作为电力生产经营环节必不可少的组成部分，与企业的经济效益直接挂钩。提升电能计量工作质量和效率，确保电能计量运维管理工作的顺利开展，是电力企业发展的重要基石，也是实现供电可靠性的重要保障。

计量异常事件影响着电力计量工作的开展，通过在地图上展示电能表失压、电能表失流、电能表时钟差等计量异常的分布情况，如图4–19所示，可以快速定位计量异常的位置，快速发起抢修服务。通过在地图上查看计量异常的基本信息、历史异常信息，展示现场照片、基础台账、运行状况等信息，对异常进行派单处理。

▲ 图4–19 计量设备异常图上展示

3. 采集异常

随着用电用户量的增多，电力负荷不断加大。电力企业大力推广集中抄表管理，推动农村地区的电能计量方式改革。通过集中抄表管理，实现电能计量的智能化和集约化管理，有效降低电力企业人力成本。

目前电能信息采集广泛应用于电力系统中，提升了电能表的抄表效率，但在电能信息采集运行过程中，会出现各种各样的采集异常问题，影响了整个电力系统的正常运行。通过在地图上展示采集异常的分布情况，能快速定位采集异常的位置，快速发起抢修服务。如图4–20所示，地图上展示低压用户、光伏用户、公用变压器采集失败的设备位置信息，对异常的设备进行发起工单或导航。

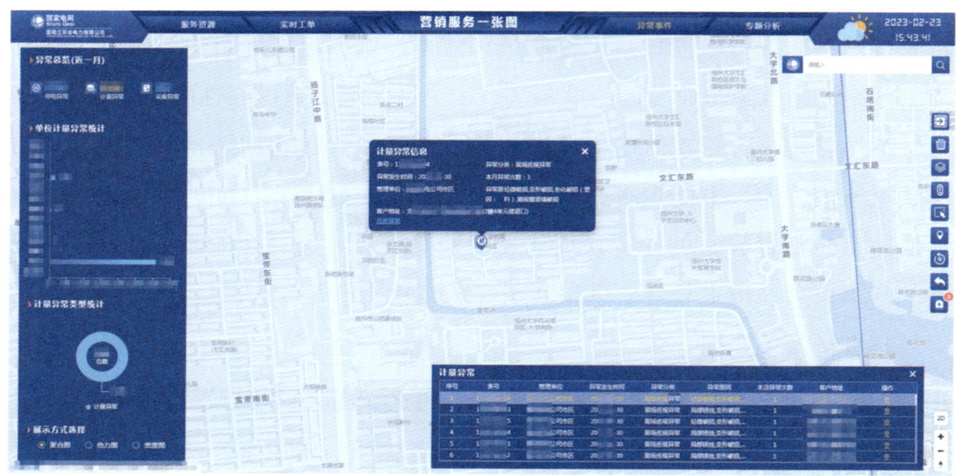

▲ 图 4-20 采集异常图上展示

4. 线损异常

线损率用来考核电力系统运行的经济性。利用用采2.0系统每天都可以对电能表进行抄表，将公用变压器的线损计算出来，如图4-21所示，通过台区

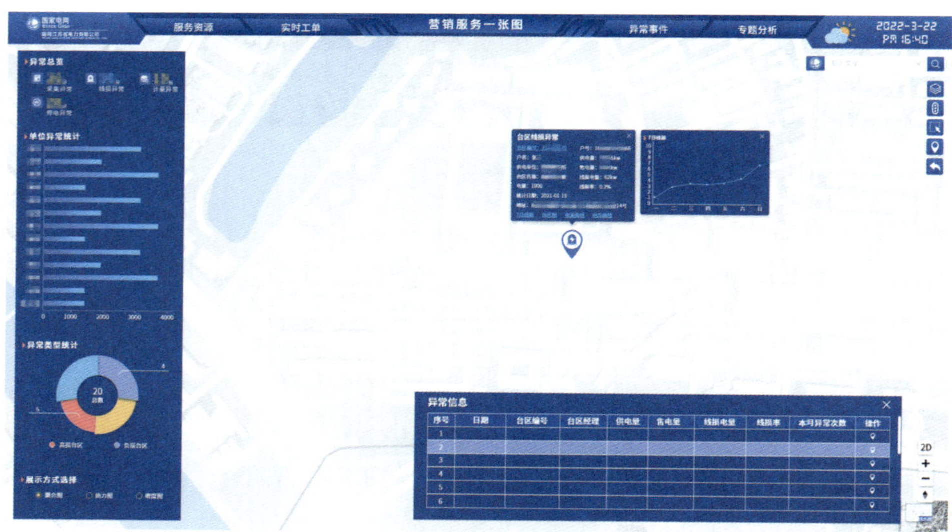

▲ 图 4-21 线损异常图上展示

线损数据进行分析，找出线损异常的原因，提升线损管理水平，指导电网企业对低压老旧台区导线、下户线改造，有效调整三相不平衡，达到精准降损。线损异常可以在地图上展示高损台区、负损台区的分布情况，拓扑图、供电量和售电量用户详细电量明细数据等基本情况。

5. 配电变压器异常

配电变压器作为电力运行中重要的一环，能直接影响该区域的用电情况，因此，电网企业日常的运行维护中，除了架空线路的绝缘子故障检测外，配电变压器也应定期进行检测、维护。

配电变压器异常关乎电力供电的安全，通过在地图上展示配电变压器异常发生的位置，如图4–22所示，直观展示配电变压器异常发生的地点，常见的配电变压器异常包括重超载、频繁停电台区、关口低电压、用户低电压、三相不平衡、故障停电的分布情况，查看配电变压器异常的基本情况，对异常进行派单处理。

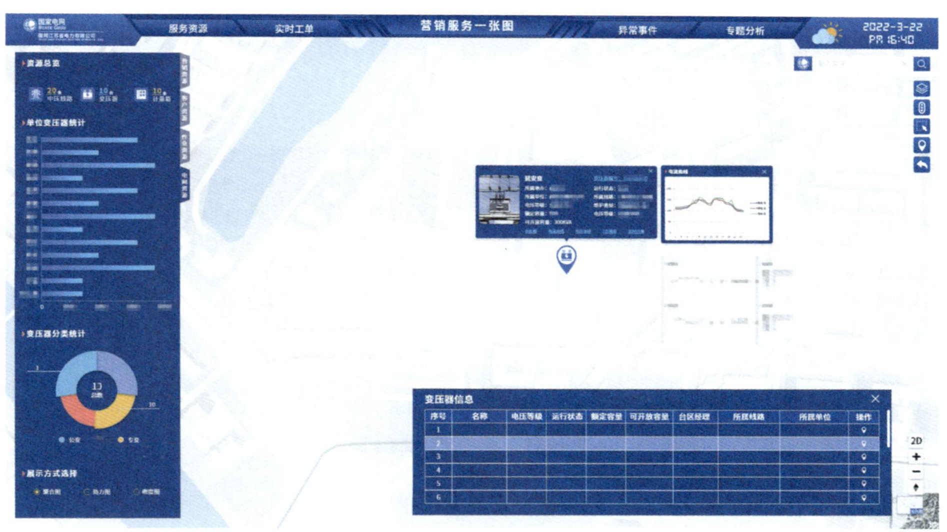

▲ 图4–22 配电异常图上展示

6. 服务异常

服务就是企业以客户为对象，以产品或服务为依托，以挖掘和开发客户的潜在价值为目标，为客户开展的各项服务活动。供电服务是电力经营机制中的一个重要环节，是供电企业对外形象的体现，是电力生产部门与客户之间的特殊纽带。客户服务异常是最能体现客户服务问题的一种展现形式，通过在地图上展示欠费停电、投诉单等服务异常的基本情况，对异常进行派单处理，可以对异常的信息进行工单路径导航、供电路径分析。

4.3.3 车辆图上管

车辆管理对电网企业而言，包括车辆档案管理、驾驶员档案管理、行车安全管理、车辆定位管理、用车记录管理、加油管理、维修管理和费用管理等方面，如图4-23所示，可在地图上进行展示，供电企业车辆在抢修过程中轨迹实时更新，提高车辆使用效率，掌握现场工作情况与进展。

▲ 图4-23　抢修车辆图上展示

4.3.4 方案图上绘

1. 电源点搜索

以客户受电点为中心点，如图4-24所示，根据客户受电点位置和用电需求，搜索受电点周边范围内容的可接入电源点信息、可开放负荷信息、可接入电源点到当前用户报装位置的距离等，分析在一定半径范围内满足开放负荷条件的线路、配电变压器，辅助进行工程量和经济可行性的统计分析，提出多套供电方案，为供电方案制定人员和现场勘查人员提供参考。

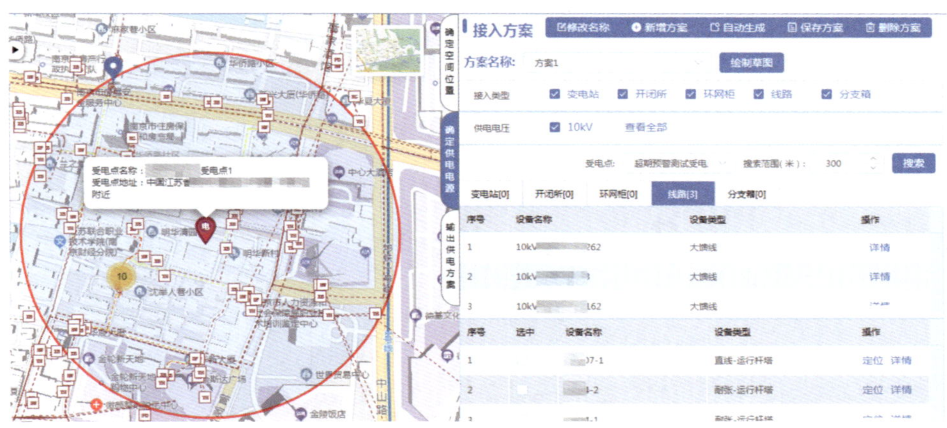

▲ 图 4-24 电源点信息搜索图

2. 电网信息展示

在地图上搜索需要选择的电源，如果电源点为线路，查询该线路是否为受限改造线路，点击线路后给出受限区域改造情况提示。查看配电网线路的单线图，在点击单线图上的设备时，在地图上可以进行设备定位，如图4-25所示。查看线路历史最大电流曲线功能，方便客户经理根据客户用能情况，对线路的负载能力进行再评估。

3. 供电路径自动生成

通过对供电路径自动生成算法的优化，结合电网拓扑、间隔占用情况、电源负载率、可开放容量和电缆管廊等信息，满足单电源、双电源、多电源、多受电点等情况下供电路径自动绘制需求，如图4-26所示，实现更加精准的供电路径规划，提升供电方案编制质量和效率，可按距离最近、成本最优、供电可靠性最高三种方式生成供电方案供选择。

▲ 图 4-25　电源信息展示图

4. 供电方案比选

系统根据用户申请信息，智能分析服务，按照供电距离、经济性、供电可靠性三个维度，对自动生成的供电方案进行全方位比选，辅助客户经理及用户确定最终供电方案。实现供电方案编制的合理化、透明化，支持供电方案通过“网上国网”进行线上答复。

供电距离短，计算用户受电点与周边最近的供电路径，并按此路径生成供电方案。

供电可靠性高，接入点备用间隔冗余度策略，考虑线路同杆架设、线路容量冗余度、电缆或架空线、供电半径等综合考虑供电方案的可靠性。

经济性优，包含有备用间隔的环网柜优先，同时考虑路径长短、工程量大小，考虑是否穿越河道、铁路、高速等。

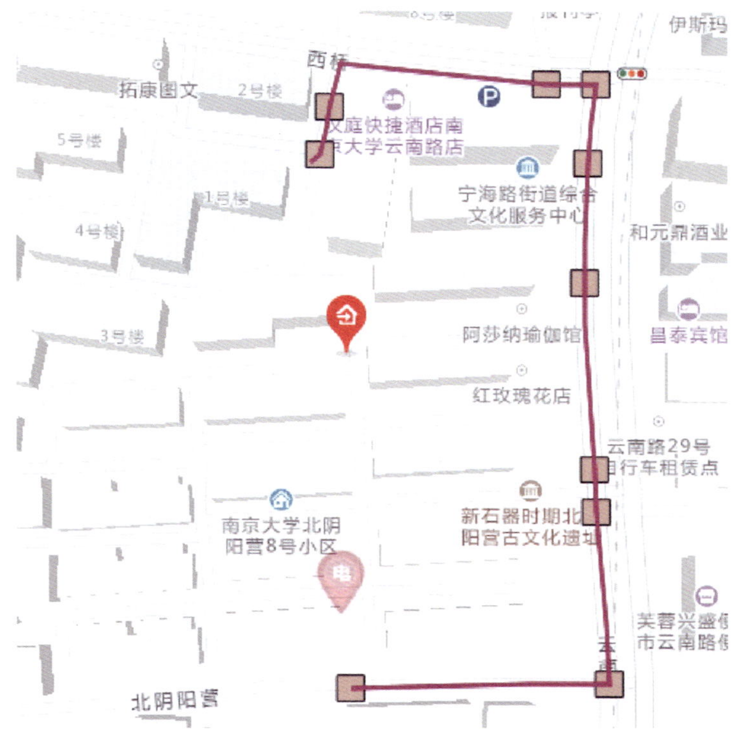

▲ 图 4–26 供电路径信息展示图

5. 物料清单及造价生成

根据绘制的供电方案，结合图上的线路长度、线路材质、变压器数量、变压器型号、接入工程方式等信息，自动生成客户物料清单及造价，如图 4–27 所示，方便客户对供电投资进行估算，节约人工预算成本。

物料清单 追加

序号	操作	物料类别	工程类别	单
1	●	10kV柱上变压器台成套设备 / 10kV柱上变压器台成套设备,ZA-1-CL,200kVA,1...	内部工程	
2	●	低压电容器柜 / 低压电容器柜,AC380V,固定式,130kvar	内部工程	
3	●	架空绝缘导线 / 架空绝缘导线,AC1kV,JKLYJ,70	外部工程	

▲ 图 4–27 物料清单信息展示

4.3.5 地图分析功能

基于时空位置开展营销业务专题分析，为电力政策制定、客户服务、用电分析、社会治理提供数字支撑。开展标准化的营销标签专题服务及组件研发，支持客户标签的配置和自定义，可适配数据中台的手动标签、自动标签，效果实时预览，支撑基于地图的可视化分析场景快速自动构建，如图4–28所示。

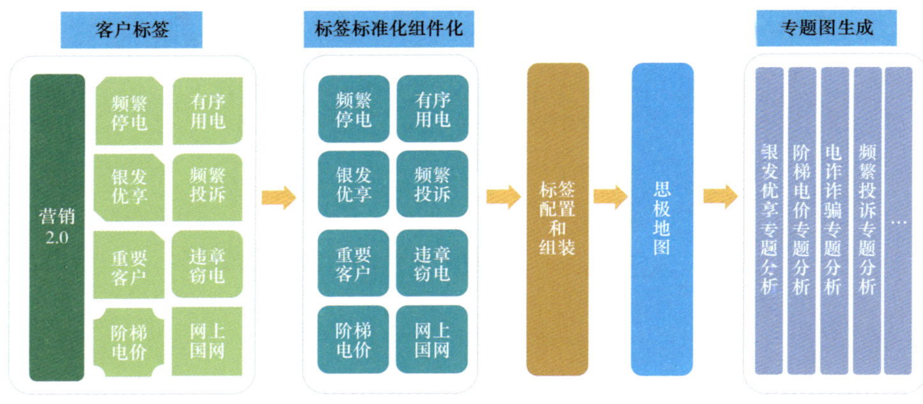

▲ 图4–28　地图专题分析自动生成机制

1. 故障密度分析

利用营配贯通准确的站—线—变—户关系，对某一时间段、某一区域、变电站、线路、台区内的电网设备故障发生频率进行统计分析，并进行可视化展示，如图4–29所示，可为配电网改造及配电网规划提供可视化信息支撑。

故障密度图可按照管理单位、变电站、线路、台区等不同统计口径，对某段时间范围内发生的故障进行统计，并能够以柱状图或曲线图的方式展现某供电区域内的故障次数。对各类故障发生频率较高的区域进行统计排名，以便采取相应的预防及整改措施。根据对某一时间段、某一区域内的电网设备故障发生频率的分析结果，形成该时间段、该区域的故障密度专题图，为配电网改造及配电网规划提供信息支撑。

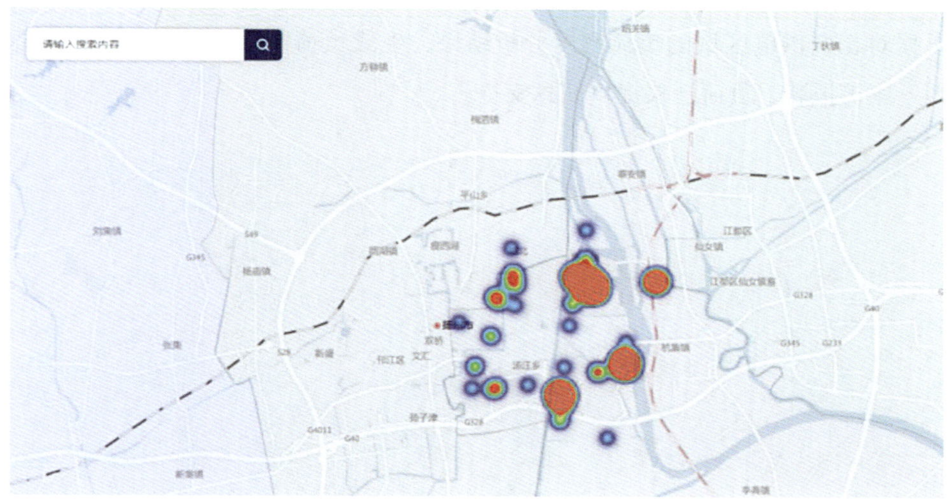

▲ 图 4-29　故障密度分析展示

2. 负荷密度分析

负荷密度是表征负荷分布密集程度的量化参数，它是每 km^2 的平均用电功率数值，以 MW/km^2 计量。根据《城市电力网规划设计导则》（Q/GDW 156—2006），市中心区是指市区内人口密集，行政、经济、商业、交通集中的地区。市中心区用电负荷密度很大，供电质量和可靠性要求高，电网接线以及供电设施都应有较高的要求。负荷密度是负荷预测的常用方法。一般并不直接预测整个城市的负荷密度，而是按城市区域或功能分区，首先计算现状和历史的分区负荷密度，然后根据地区发展规划和各分区负荷发展的特点，推算出各分区各目标年的负荷密度预测值。至于分区中的少数集中用电的大用户，在预测时可另作点负荷单独计算。由于城市的社会经济和电力负荷常有随同某种因素而不连续（跳跃式）发展的特点，应用负荷密度法是一种比较直观的方法。

对相应供电区域进行负荷密度分析，并进行可视化展示，为电网规划、业扩报装、负荷迁移提供信息支撑。按照管理单位、变电站、线路、台区等不同统计口径，对某块区域范围内的实时负荷密度进行统计分析；负荷分析的结果在地图上进行展现，不同区域按颜色进行分块显示，如图4-30所示，根据对相应供电区域的负荷密度分析结果，生成负荷密度专题图，为电网规划、业扩报装、负荷迁移提供信息支撑。

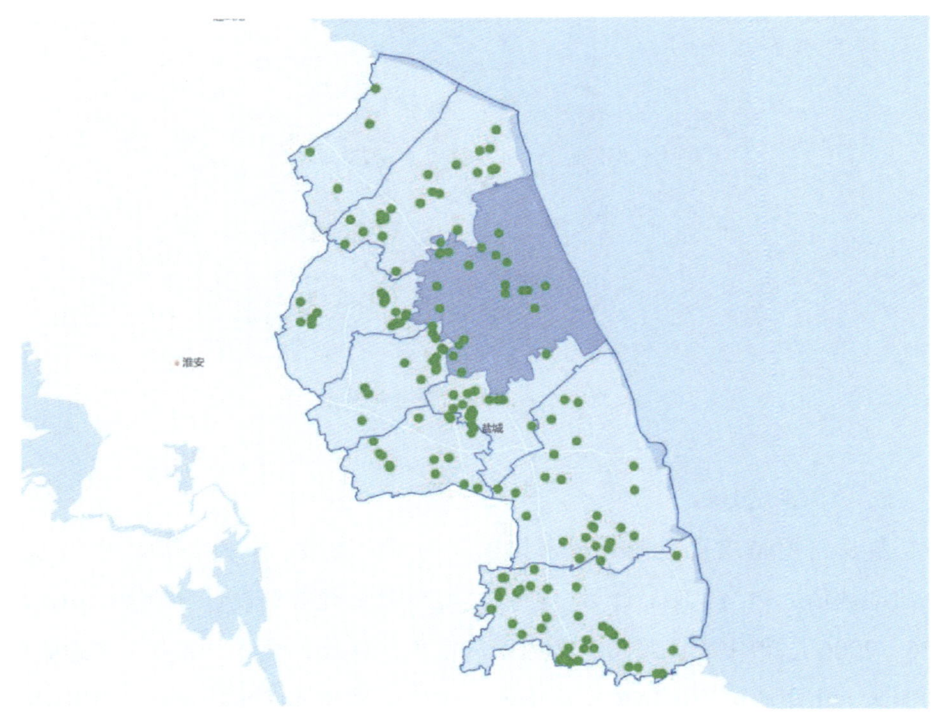

▲ 图4-30 负荷密度分析展示

3. 停电分析

根据年度或月度停电影响范围、影响时长在地图上展示分析停电的分布情况，如图4-31所示，为设备检修、巡检等业务提供辅助支撑。通过对一段时间内的停电范围数据或停电时长数据进行叠加分析，可以直观展示停电影响的范围和频率及时长数据。根据停电的时长及停电的影响用户，进行停电损失电量的计算及分析。通过对停电影响范围进行在线分析，获取停电范围影响区域内的用户信息，为95598相关人员、用电检查人员、客户经理等提前通知客户提供信息支撑。

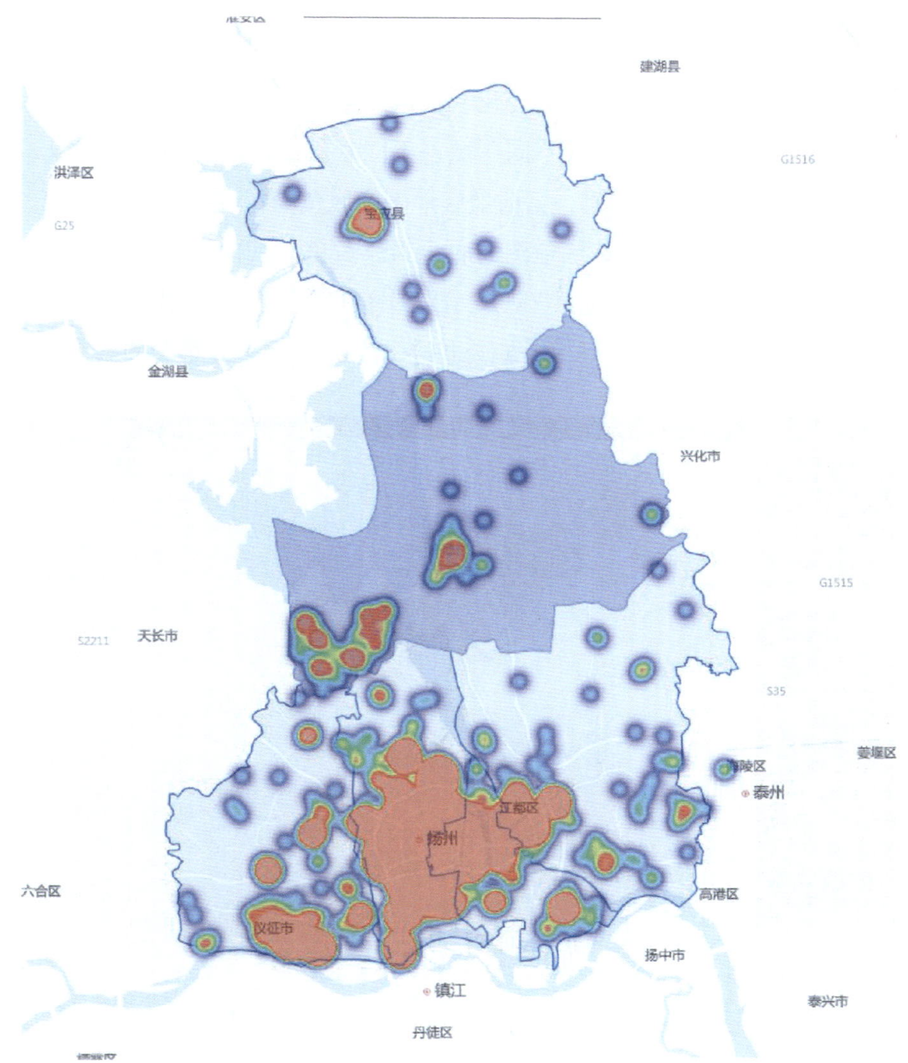

▲ 图 4-31　月度停电分析展示

4. 居民阶梯电价分析

居民阶梯电价是指将现行单一形式的居民电价，按照用户消费的电量分段定价，用电价格随用电量增加呈阶梯状逐级递增的一种电价定价机制。第一档是基本用电，第二档是正常用电，第三档是高质量用电。第一档电量按照覆盖80%居民的用电量来确定，第二档电量按照覆盖95%的居民家庭用电来确定。随着居民生活水平的不断提升，居民的用电量也在不断地增加，根据每年每个月度的居民用电量的变化，在地图上动态展示每个月居民阶梯电价的分布情况，可以直观查看不同区域、不同月份阶梯电价的执行情况，当月份第三阶梯电价超过5%时，当前地区地图的底色为粉红色，当月份第二阶梯电价超过20%时，当前地区地图的底色为淡黄色，其他情况为淡蓝色，如图4–32所示。居民阶梯电价的直观展示，对于电力管理部门制定每个阶梯居民阶梯电量的数值，提升广大人民群众的幸福感，具有十分重要的意义。

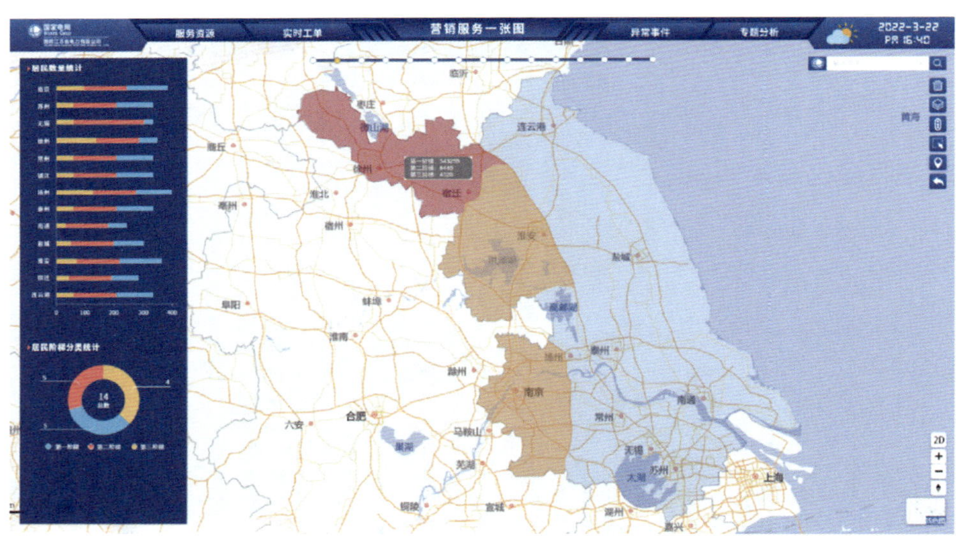

▲ 图4–32　居民阶梯电价图上展示

5 营配本质贯通深化应用

为进一步推动企业数字化转型，落实国家电网公司提质增效工作要求，针对业务开展过程中的难点痛点问题，持续深入开展营配末端融合、供电服务网格管理、数字化供电所建设、停电管理、故障抢修、线损管控等营配本质贯通深化应用与优化提升工作。

5.1 营配末端融合

营配末端融合是电网企业为整合末端的业务流程和数据资源，提高配电网运维检修班组与营销班组的工作效率而运用的一种新型管理模式，基于营配关切的工作需求，从组织机构、业务流程、工作应用及管理绩效等方面出发，优化营配末端工作组织、深度整合营配末端业务。营配末端融合有利于打破专业壁垒，减少基层班组的重复劳动，减轻人员工作负担，对内提升管理质效，对外提升服务水平。

5.1.1 营配末端融合的意义

南方电网公司在2020年9月提出建立以满足需求为导向的能力体系，推动现代供电服务体系提质升级，探索为用户提供可靠、便捷、高效、智慧的新型供电服务的有效路径，并要求在2022年基本建成现代供电服务体系。2022年，国家电网公司明确提出“整合服务渠道和资源，构建贴近客户、贴近市场的服务模式。”因此营配末端融合具有重要的意义。

营配末端融合是优化营商环境的重要抓手。近年来，获得电力成为评价和考核电网企业的重要指标，社会各界对电力营商环境的要求也越来越高。原有的专业管理模式与当下客户的要求不匹配，多口对外的现象普遍存在，制约了服务水平和服务效率的提升。通过开展营配末端融合，能够更好对接各级地方政府，为客户提供“一口对外”的电力服务，提升客户获得感和满意度，助力地方经济社会发展，彰显央企责任担当。

营配末端融合是促进提质增效的重要举措。随着电力改革向纵深推进，电力市场竞争愈发激烈，传统的业务模式被打破，公司面临优质客户流失、市场份额下降等风险。开展营配末端融合，一方面有利于开拓市场，推动电网企业向“供电+能效”转型，主动开展综合能源、电动汽车等新兴业务；另一方面有利于整合内部资源，打破专业壁垒，打造复合型人才，提升业务流转效率与人力资源效能。

营配末端融合是落实上级战略的重要途径。随着新型电力系统建设加快推进，分布式光伏等新能源占比不断提升，电力客户既是电力资源的使用者也是电力资源的生产者，电网企业与客户之间服务模式发展深刻变化，设备运维管理模式由传统模式向源—网—荷—储协调互动运维管理模式转变。开展营配末端融合，能够整合电网企业前端资源，适应分布式能源、微电网等发展趋势，为新型电力系统建设提供坚强支撑保障。

5.1.2 营配末端融合的现状

在当前供电服务升级转型的新阶段，供电所、营业厅、服务站、配电网抢修班、综合服务班等一线服务渠道作为新时期供电服务的前哨先锋，如何拉近供电公司与用户的距离，让供电服务更可感、能触摸、有温度，已然成为基层电网企业发展的重要命题。国家电网公司积极打造“强前端，大后台”的服务模式，通过整合营配生产资源、营配业务数据，建设一体化的营配工作支撑平台，促进前端服务能力提升，构建以客户为中心、开放共享的能源服务新业态，增强可持续发展能力。目前营销部门和生产部门的基础业务主要由营销2.0系统、用采2.0系统、PMS3.0系统、供电服务指挥平台等系统支撑，营配调贯通模式虽实现了跨专业协同，但是业务深度融合较难，主要体现在以下四个方面。

（1）组织支撑方面。营销和生产的工作分别由各自的组织支撑，业务流程分别在生产和营销的组织架构下独立流转，存在部门壁垒及信息偏差，双方工作不透明，工作协同和信息协同方面存在一定的阻隔。

（2）业务开展方面。业务尚未深度融合，实际工作中仍存在重复跑现场的情况，如营销现场勘察和配电网工作无法有效协同，拟定供电方案时无法实时了解配电网规划、建设及投运情况。

（3）应用支撑方面。支撑系统多、作业终端多、移动应用多，内外网应用分开、不同的专业应用分开，不同专业使用不同的终端、应用入口不统一、作业终端不统一等，存在信息孤岛，信息共享不充分、不及时，降低了工作效率。

（4）管理考核方面。营配调工作基于不同的组织机构开展，存在管理交叉或是管理空白区域，考核标准不统一。

5.1.3 营配末端融合的应用

营配融合的业务模式是在组织层面、业务层面、应用层面、管理层面对营配工作进行深度整合，统一管理营配基础数据，基于完整、准确、一致的电网设备档案，建立完整的“站—线—变—箱—户”的拓扑关系，构建“营配一张网”；基于GIS平台、PMS3.0系统、营销2.0系统等支撑型应用，实现配电网规划、建设、运行全过程统筹管理，支持客户报修准确定位、智能派单、配电网中低压全链路故障快速研判、全局停电分析、营配勘察一体化和线损实时统计等业务，如图5-1所示。

（1）组织融合，重组营配基层班组，构筑营配工作基石。组织架构是业务流转的基础，组织架构的合理性、科学性对于组织的管理、运营的重要性不言而喻。有目标的组织架构优化能给营配工作成效带来根本性改变。基于专业技能的相关性，融合设备主人制、台区经理制和服务网格化的管理思路，深度整合营销和生产组织机构，构建全能型营配基层班组，培养全能型业务人才，做到台台设备有主人、个个客户有经理，从真正意义上消除部门壁垒、专业壁垒及信息壁垒，降低人员协调、业务协同的成本，做到一班人马，营配工作一管到底，避免出现营销和生产业务边界的管理真空。基于全能型工作班组，全能型业务人才，组建一专多能的敏捷工作团队，快速响应营配工作需求，保障配电网可靠稳定、安全运行，提升客户服务品质，如图5-2所示。

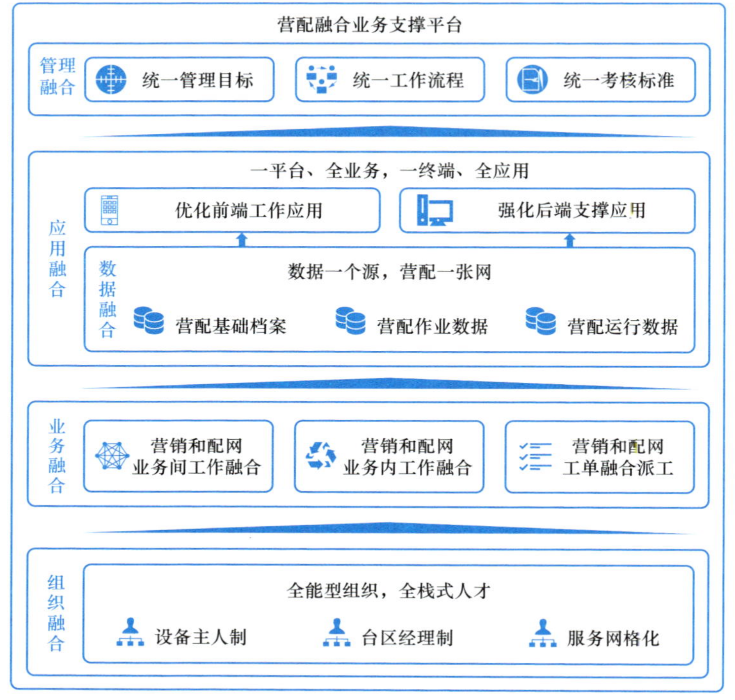

▲ 图5-1　营配融合业务蓝图

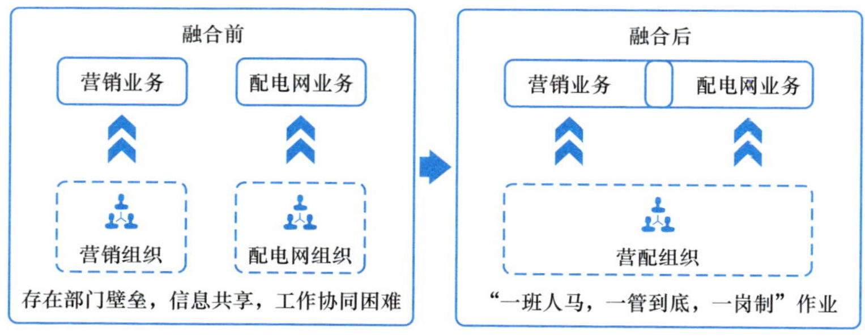

▲ 图5-2　组织融合示意图

（2）业务融合，创新融合工作模式，提升业务协同效率。基于工作技能相似、工作地点相近、维护设备相同、服务对象类似的原则，深度整合业务工作内容，实现营销和配电网末端工作融合，主要分为以下三个方面。

1）营销和配电网业务间工作融合。主要是：营配勘察一体化执行；配电网规划建设和营销拟定供电方案工作协同；小区新装业务和低压批量新装业务整合；配电网故障抢修和客户故障抢修工作融合。

2）营销和配电网业务内工作融合。主要是：营销计量装置、采集装置装拆及终端调试工作融合；计量装置巡视和周期核抄、装表接电、用电检查、终端装拆、采集运维、现场检验等工作融合；设备运检的巡视和检测融合成巡检。

3）营销和配电网工单融合派工。主要是：通过营配业务工作工单化，建立现场作业工单池，实现供电服务、业扩报装、设备运检等业务现场作业任务的集中调度和科学派工。

（3）应用融合，搭建统一业务入口，赋能营配工作组织。基于“一平台、全业务”和“一终端、全应用”的原则，以电网GIS平台、PMS3.0系统、营销2.0系统、数据中台等数字化基础设施为依托，搭建统一的跨专业业务应用入口，支撑配电网管理、业扩报装、设备运检、客户服务等业务开展，实现配电网规划、建设、投运、运维全过程管理；融合营配生产资源，基于服务网格、电压等级、电网资源状态等业务规则，分区、分压、分态开展营配工作，如图5-3所示。

1）融合营配数据，支撑营配应用构建。

a）营配数据同源维护。统一基础档案维护入口，实现营销客户档案、营销设备计量装置资产和运行档案、采集装置资产和运行档案、配电网一次和二次设备档案同源维护；实现配电网资源、配电网拓扑、采集拓扑、配电网图模、配电自动化采集设备及采集拓扑关系统一管理。基础档案同源维护，统一数据标准，消除信息孤岛，解决多源维护导致数据不一致、不完整、时效差的问题，有效提升数据质量，为管理决策提供准确、真实、高时效的数据。

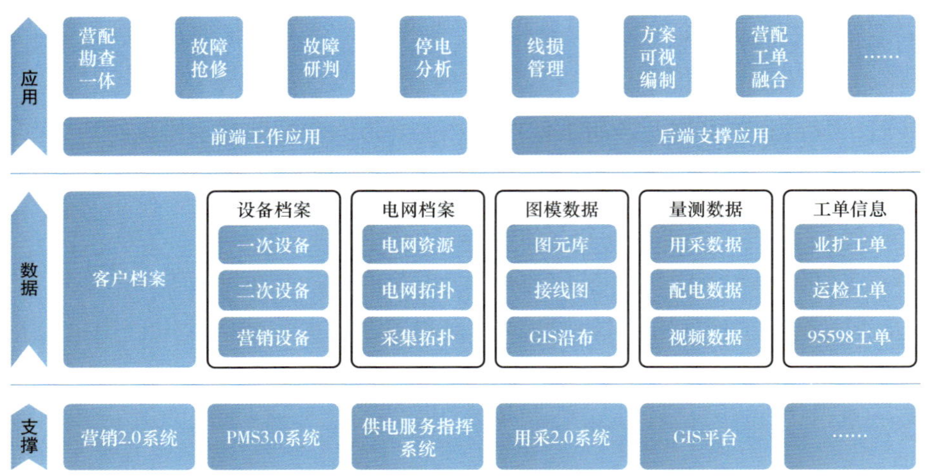

▲ 图5-3 营配融合统一应用入口

b）量测数据统一接入。从配电自动化和用电信息采集系统实时接入营配设备量测数据，得到完整、原始、实时数据，支持配电网故障研判，精准制定故障隔离方案、负荷转供方案等。

2）优化前端应用，赋能一线工作人员。

a）融合工作终端及应用。融合不同专业终端、内外网应用和不同专业应用，实现一个终端、一个App就可以处理所有营配问题，解决业务人员携带多个终端，在多个应用间切换录入数据的繁琐问题。应用图像识别、语音识别人工智能技术提升作业信息采集效率及准确性。业务应用覆盖业扩、计量、采集、运检和客户等现场作业，支撑配电网检修、巡检、缺陷处理、隐患处理、故障处理、客户抢修、计量装置装拆、现场检验、现场巡视、故障处理、抄表及用电检查等工作，如图5–4所示。

b）末端工作应用集成化和智能化。以轻前端，强后台的理念构建移动应用，以移动作业终端为核心，辅以智能安全帽、无人机、工器具、备品备件、作业车辆、电子工作票等作业资料支持，深度融合工作界面，依托后台知识库及专家团队等支撑资源，构建高度集成化、智能化的单兵作业系统，赋能现场作业人员，帮助业务人员规范、高效、安全完成现场作业，如图5–5所示。

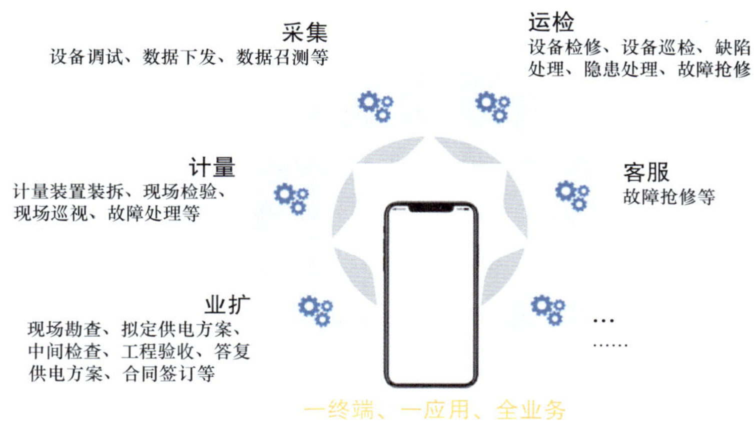

▲ 图 5-4 终端融合及应用融合示意图

▲ 图 5-5 末端工作应用集成化和智能化示意图

3）强化后端支撑应用，加强保障支撑能力。

基于完整的客户档案、配电网资产和资源、用电信息采集的配电设备和营销设备量测数据等，结合电网GIS构建生产及营销一张图应用，实现营配资源集约管理、配电网运行实时监测和供电服务统一调度，支撑运行监测人员、班组工作负责人和客户服务人员高效开展工作，如图5-6所示。

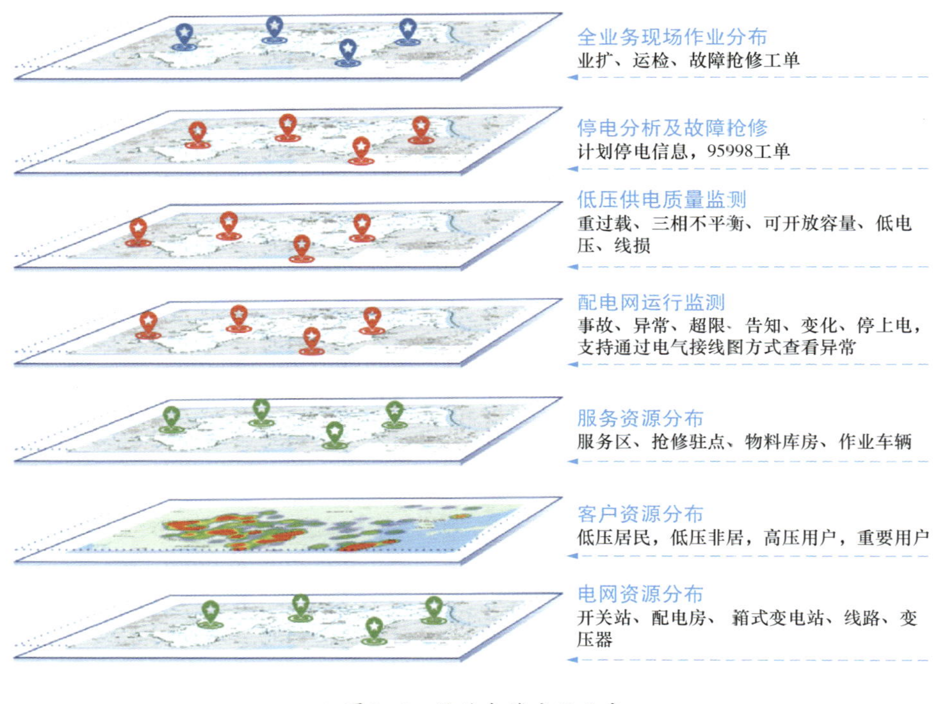

▲图5-6 后端支撑应用示意

a）可视化营配资源地图。基于电网GIS，整合营配资源，建立营配工作资源池，可视化展示开关站、配电房、箱式变电站、线路和变压器等电网资源；低压居民、低压非居、高压客户、重要电力用户等客户资源；服务区、抢修驻点、物料库房、作业车辆等服务资源，直观呈现各类资源的分布、数量、状态，为资源合理使用提供保障。

b）配电网运行实时监测。依据配电自动化和用电信息采集系统实时数据，实现站、线、变、箱、表的全链路运行状态监测、供电质量监测、故障研判、故障隔离及负荷转供方案制定、停电分析等；基于配电网拓扑及电气接线图可视化分析问题；依托营配资源地图，快速响应故障，支持配电网抢修和客户抢修一体化开展。

c）现场作业统一调度。建立工作任务池，汇聚业扩、运检、故障抢修等现场作业工单，依据任务类型、资源状态，统一安排任务，智能匹配相关任务、人员、车辆、工器具、备品备件等信息，提高任务安排效率和合理性，并可实时查看工作进展情况。

（4）管理融合，统一绩效评价标准，评估营配融合成效。基于融合的组织机构，统一营配工作目标，建立规范的工作流程，推进员工能力数字化、服务对象数字化、工作成果数字化建设；统一考核评价标准，评估营配融合工作成效，发现业务短板以迭代推进完善，发扬业务优势以推广普及应用。具体从以下三个方面开展。

1）员工能力数字化。基于统一的规范和标准，建立员工承载力模型，数字化描述员工具备哪些技能，技能等级，能处理什么类型的工作，处理某一类工作需要的典型时间是多少。

2）服务对象数字化。服务对象包括用电客户、配电网运行设备及营销设备等人和设备，根据服务对象特性建立工作任务负荷模型，明确某项工作任务需要什么样技能的人员，人员需求的合理数是多少，实现任务合理打包及科学匹配资源。

3）工作成果数字化。应用移动终端，通过工作过程留痕，实现工作成果数字化、透明化；依据员工能力数字化、工作过程和成效数字化等，公开、公平、公正评价员工工作质效。

营配融合，通过整合营配生产资源、营配业务数据，建设一体化的营配工作支撑平台；通过统一应用入口，高效支撑业扩报装、设备运检、客户服务等营配业务开展。从成效而言，对内通过营配工作组织，提升管理效能，提升供电质量，保障电网安全可靠运行，实现工作提质增效；对外通过主动服务，贴近服务，提升供电服务品质，实现营配工作效率、效益双提升。

5.2 供电服务网格

供电服务网格是将供电所辖区内复杂的配电网网架按照一定的原则与依据，划分成多个独立的网格，业务人员在各自网格内进行运维检修、营销服务、建设改造等工作，促进营配深度融合、提高业务协同效率、提升供电服务水平。供电服务网格综合运用配电网自动化技术和“互联网+电力营销”思维，在内外部两方面都超越了传统管理方法。

5.2.1 供电服务网格管理

根据“方便客户、便于服务、规模适度、无缝覆盖、动态调整”的原则，供电服务网格主动对接政府社区网络，综合考虑社区、村组的连片服务效应，坚持效率优先和因地制宜原则，充分发挥台区经理在社区供电服务中的统一协调和沟通作用。完善供电服务网格信息，明确设备和客户归属网格，强化PMS系统、设备台账、设备资产及设备健康水平管理，依托设备主人制，健全设备投运、巡视、维护、抢修记录，进一步提升城市低压配电网设备运行管理精益化水平，提升供电质量。具体应用如下：

（1）调整供电所班组架构，将网格片区作为基本管理单元。把原先按营销、生产专业分工的班组，整合为负责供电所综合事务、安全管理、指标监控、培训后勤的综合班，负责辖区内10kV运检业务及0.4kV营配业务的供电服务班，并将供电所的安全员、技术员、客户服务员岗位设置在综合班内，增强总体管控能力。供电服务班内通盘考虑高压线路走向、乡镇（街道）行政区划、地形地貌等因素，设置4~6人的供电服务小组，对应服务若干个乡镇（街道）的片区，片区内部再进一步细化分解成若干“网格”，配置一名“一专多能”型的台区经理。对配合停电、故障抢修等需多人配合的工作，由服务小组内部人员开展“组团服务”。供电所对现场工作、指标实绩的管理直接落实到每一个网格片区，实现横向到底、纵向到边、精准管控。

（2）实施班组专业融合，缩减诸多需跨专业班组协调的事宜。班组设置和职责调整以后，每个供电服务班都集高低压运检抢修、低压营销服务等工作于一体，工作信息传递不再受专业班组阻碍一项具体的工作，往往在一个服务小组内部即可高效完成，有效化解了不同专业班组之间的管理壁垒，降低了沟通成本，提升了服务质量。

（3）常态化开展各类信息搜集，夯实网格化管理基础。以月度为单位脚踏实地的开展网格内运行线路、设备基础数据和专用线路、专用变压器、低压客户基础信息收集工作，重点确保数据的真实有效性，摸清资产家底，为网格日常运维、配电网大修改造、“主动式”抢修服务提供第一手资料。

（4）构建快速响应的服务前端，实现任务自动分派、网格指标评价、现场一站式服务、营配业务融合、深化移动应用、增值服务扩展。以网格化服务管理规范创建为重点，以业务数字化发展为推动，从大众化业务、精细化业务+电子化支持、精益化管理工作4个层面着手，将网格化业务构建与网络供电所构建深入整合、共同推动，通过对内控制与外部业务的有机整合，构建有效协作、交互智慧的电力业务运行前端。“数据牵引，网格赋能”管理模式，贯穿于市、县、所三级供电服务体系中，致力达成网格服务质效与站所经营水平“双提升”工作。

（5）形成“网络管事、工单管人”的全行业线上监管体系。集约三类工单（客户需求工单、专业工单、所内自主工单），将市级工单“点对点”直派供电所，完全破解工单生产锁链长、线上线下多头指挥的实际提问，以“工单”为核心驱动基础服务有效落实，以实现营销普查、故障处置等的日常业务以工单方式流转，使各类流程均实现末端融合和全局管理。

（6）培养一专多能的复合型员工。部分网格负责人原先未全面从事配电网运检或营销工作，存在业务技能短板的现状，员工素质参差不齐。定期开展综合监控、运维巡视、抢修消缺、装表接电、采集运维等专业培训，以及资质取证、竞赛比武等活动，有效提升了网格负责人的适岗能力。

1）数字化培训为保障。落实全员“持证上岗”，制作营配业务融合工作“一本通”，进行“人人过关”考试，对于考试过关的发放电子“上岗证”，并线上发布人员考评信息，保证人员操作技术和业务素质与时俱进，适应新形势、新技术、新需求。

2）打造台区服务“一次到位”。实行业务协同操作、站区管理的一次到位“三主四制”体系（服务主体、工作主责、设备主人、首问负责制、现场办理制、设备巡查制、问题报告制）；组建服务专班，为特殊行业提供全过程“一次都不跑”服务。推广“点餐”服务模式，征集客户评价，精准响应客户用电诉求；网格员逐步实现一个人、一次性解决客户用电问题；建立了产品运维、经营管控的统一指导中心，并借助企业网格化平台，做到一单位、一门户、“三融入”（经营融入、信息融入、产品融入）。服务指挥组是整个供电系统所运转的“核心”，对内服务各专业班组人员，对外服务用电客户。指挥中心按照“工单内转不外转”的基本原则，围绕各系统间的数据，根据网格化任务平台，将服务诉求、采集监控等各类异常工单派至“移动作业平台”，然后经网格员核实、处理后反馈，做到各专业、各环节紧密联系。营配末端融合的“网格化”服务模式如图5-7所示。

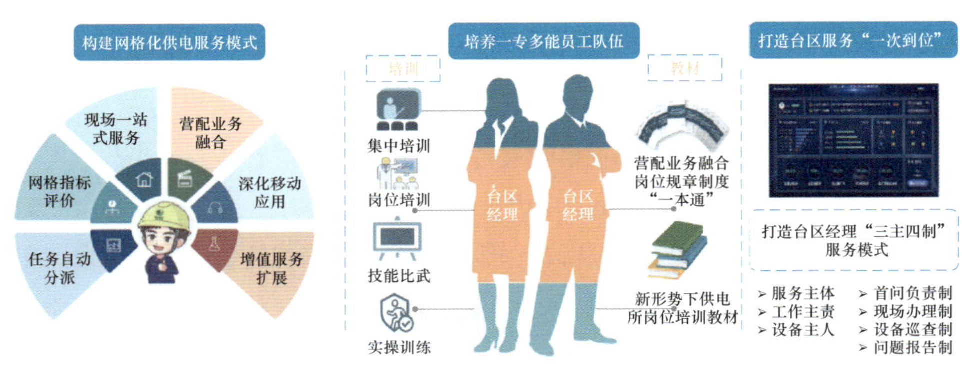

▲ 图5-7 营配末端融合的“网格化”服务模式

5.2.2 供电服务网格成效

（1）客户服务更加精准。“网格化+专业化”的管理以后，供电所与地方政府、大型企业、优质客户的对接紧密了，便于及时掌握用电需求信息，实现电网规划、配套建设、营销服务等快速响应。建立了客户信息收集维护长效机制，在停电短信通知到户、安全用电主动提醒方面做到更加精准，同时通过推广应用“网上国网”、微信公众号等电子渠道，引导农村客户线上办电，接受电子化缴费、远程费控、电子化账单等新服务，提升客户体验。

（2）专业配合更加紧密。以“网格化+专业化”的管理，建立起配电网运维、营销服务、综合管理的网格负责人队伍机制，推进高低压和营配业务末端融合，强化“指标到人、考核到人”的奖罚机制，“全科医生”式的复合型人才梯队已初步形成。

（3）业务实施更加高效。实现电网高低压建设项目、营配项目同时申报，避免了项目申报建设不同步、改造施工不彻底的现象，有效解决了局部电网供电薄弱问题。运维抢修营配一体化运作，防止职责出现不清晰、两张皮的现象，提升电网健康运行水平。故障抢修营配一支队伍到达现场，现场快速处理故障恢复供电，满足了一次报修、一张工单、一支队伍，一次到达现场、一次解决问题的工作要求。

5.3 数字化供电所

供电所是电网企业在乡镇地区的组织机构，主要进行（10/20kV、220/380V）配电网线路新建及改造、变/配电设施运行与维护、停送电与故障抢修、装表接电与抄表收费、客户服务等工作。供电所传统管理方法分工很细，明确了每个人的工种与职责，有配电网巡视、配电网运维、用电检查、装表接电、抄表收费等多个工种。这种方式的弊端就是市场导向不突出、人员技能和服务手段单一、班组间协同效率不高，往往只关注本班组自己的指标，从而导致全所层面管理不畅。

国家电网公司以基层减负、数字赋能为方向，以生产、营销等专业现有信息化建设成果为依托，聚焦夯实数字化基础、提升数字化支撑能力两条主线，基于营销2.0系统、用采2.0系统、PMS3.0系统等，开展以“业务自动化、作业移动化、服务互动化、资产可视化、管理智能化和装备数字化”为特征的全能型数字化供电所建设工作，通过数字化转型推动供电所服务能力和管理水平提升，更好的服务乡村振兴和公司战略落地。营配本质贯通是数字化供电所建设的重要基础及保障，数字化供电所则是营配本质贯通的重要载体及应用平台。

5.3.1 建设全业务融合的供电所数字应用

（1）业务协同应用数字化。深化客户服务业务中台、电网资源业务中台和数据中台建设，依据基层实际工作和实战要求开展顶层设计，基于营销2.0系统、用采2.0系统、PMS3.0系统等已有信息系统建设成果，对供电所业务、管理、资源进行重构，打造统一的业务工作台，满足业务场景应用需要。加强信息系统接口整合归并，促进设备、营销、物资、安监等专业协同联动，形成供电所全业务线上流转的操作台，多专业任务融合的工单池，多维度精准分析的数据仓，精简业务流程、简化操作界面、预警异常问题、支撑精益管理，全面提升供电所服务能力，为供电所发展打造数字化新引擎。

（2）工单任务融合节约化。汇集供电所客户服务、营业收费、计量运维、设备巡视、故障抢修等营销、生产专业业务工单，建成末端融合的工单中心。打造全景视图，实现工单状态集中展示、监控、预警和闭环处理，改变传统的多头管理、多方指导模式，支撑基层扁平化、集约化管理。构建联动机制，针对主业务（装表、抢修）工单，系统自动触发相关联的领料单、派车单等工作流程，支撑业务线上化、自动化流转。

（3）数据服务共享班组化。建设供电所指标数字看板，汇集供电所安全生产、客户服务、营销生产等核心业务指标，按网格、台区、员工进行逐级汇总、分级展示，直观反映对标排名情况，分析指标风险、预警异常问题，支撑供电所经营决策、服务提升。

（4）现场勘查设计一体化。低压业务现场勘查设计环节，实现客户用电需求与电网开放资源智能匹配，通过营配一体化生成供电方案、配套工程物料清单、施工典型设计方案，减少人工干预、缩短流程环节。低压装表接电环节，针对具备条件的客户，在符合规范设计要求前提下，竣工检验和装表接电一次完成，实现一站式送电。

（5）计量采集消缺移动化。设备装拆环节，现场完成表计信息采录、地理信息录入、箱表关系绑定、佐证材料拍照上传，计量设备装拆一次完成，无需线下补录数据。设备调试环节，现场完成计量装置参数校核、通信信道测试、费控执行调试等工作，系统间实现流程贯通，满足设备即装、即采、即控要求。异常诊断环节，现场采集计量装置数据，系统智能诊断异常原因，匹配解决方案，提升运维效率。具备条件的可应用远程视频“直视”监护模式，减少监护人员需求，辅助现场问题定位。

（6）停电故障抢修高效化。停电事件研判方面，利用采集系统数据优势，综合分析台区掉电户数、次数、时长等信息，构建户到箱、箱到变、变到线、线到站的研判模型，自动过滤短时停电、装置异常等特殊因素，实现停电事件精准判定。停电故障抢修方面，依托停电研判结果，全面开展主动抢修服务，依据位置、路况、在途工作等信息，智能匹配抢修班组，快速响应故障处理。投诉风险防范方面，复用客户标签建设成果，精准定位重要客户及敏感客户，自动提醒抢修人员，预防服务风险。

（7）低压设备巡检联动化。计划生成方面，综合各类低压设备运行巡检周期，自动合并台区、分支箱、计量箱、计量终端等巡视任务，形成联合巡检计划，多类任务一次巡检。任务执行方面，标准化巡检作业步骤，利用实物ID标识、移动作业等手段，实现现场巡检、异常处理、数据上传一次完成，关联工单自动跳转，设备异动在线记录。综合分析方面，建立台区数据模型，综合季节、农事等因素，对比往年高峰时段负荷，形成负荷变化曲线，分析预测当年容量，开展裕度告警，结合易受外破地段及条件，辅助巡检计划生成。

（8）台区线损治理智能化。台区线损统计方面，优化系统功能，实现线损异常信息的深度挖掘、精准定位，形成“一台区一指标”的管理模式。线损异常处理方面，实现对线损异常的自动分析、预警和工单生成，实时更新数据，现场即可查看异常处理效果。营配数据贯通方面，开展“图数治理”，维护线—变—户关系基础台账，实现系统与现场一致、图形与数据一致、营销与生产一致，基于同源维护工具，实现营销、生产专业图模异动数据两专业共同确认、协同联动，提升线损统计一致性、准确性。

（9）客户服务方式互动化。全环节推进服务互动。结合客户标签建设成效，细分特征群体，针对抢修、业扩、电费账单、停电通知、有序用电等核心业务，全环节为客户推送状态信息，实现服务过程可视，服务风险可控。推广线上互动服务，利用人工和智能客服，为客户提供代购电委托办理、电量电费账单解读、业扩开放容量查询、新能源应用策略咨询、农村电能替代推广等服务，精准开展诉求响应，全面助力乡村振兴，如图5-8所示。

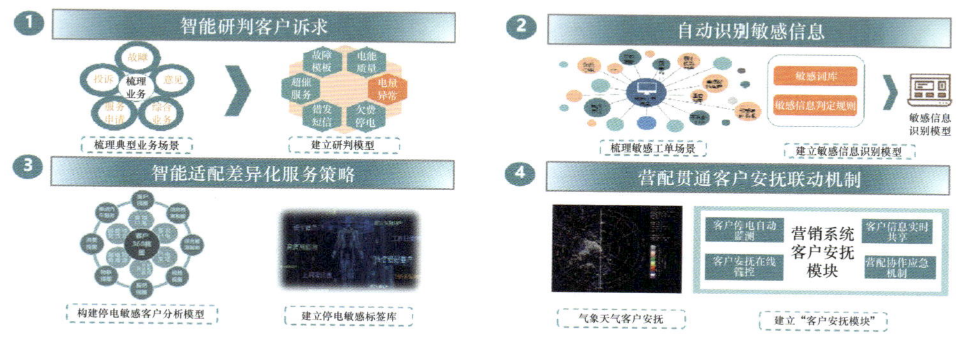

▲ 图5-8 数字化供电所客户服务模式

（10）所务管理方式智能化。运营指标精细管理。建设“基层指标看板”工具，汇集供电所安全生产、客户服务、营销生产等核心业务指标，按网格、台区、员工进行逐级汇总、分级展示，直观反映对标排名情况，分析指标风险、预警异常问题，支撑供电所经营决策、服务提升。

5.3.2 建设全设备感知的供电所物联体系

供电所作为直接面对用电客户的基层组织单位，管理服务类型复杂，承载工程量大，但在营商环境日益优化的情形下，对台区管理员、综合柜员等一线服务工作人员的服务能力也产生了更高的需求。而且由于顾客对用电感知能力的日益增强，对供电所的服务也就产生了更多的要求。因此尽管目前供电系统所在运用“数据采集主站—采集终端—智能电能表”的远程抄表技术方面已经取得了相对完善的物联业务模式，但由于各类服务的进一步细化与丰富，仍亟需一些新型的数字化技术手段，从而形成功能更加丰富的物联系统，以进一步提升服务效率。

1. 营配设备的物联

通过利用物联信息技术，提高与供电所内现有监控设施的融入水平，进一步扩大物联系统覆盖范围。在供电系统侧，利用供电系统开关监测端口FTU、配电变压器智能融合端口TTU、低压分路监控单元LTU，进行现场感知、异常巡检、信息控制。在市场营销侧，凭借利用HPLC采集终端、HPLC电能表模组、表柜等智慧技术测系统，利用宽频载波通信技术，有效提升抄表效率，做到了美观、可测、可控。营配末端融合模式下的供电所，利用展物联系统，能够实现广域物联，实现检测、管理、收集、报警等多项功能要求。

（1）配电线路设备。供电所管理的配电线路，相比主网来说较为脆弱。但由于投资改造的侧重心有所不同，近几年利用政策性投资改造，0.4kV线路改造力度很大，但10kV线路改造力度明显不足，并出现线径细、供电范围大，恶劣气候供电设备抗压能力不够强等问题，在出现尖峰负载、恶劣天气时，供电所抢修工作繁重。配电开关监控终端FTU，主要应用于县城农网配电价格自动开关，具有遥信、远程监测、遥控能力，以及继电保护与故障监测等功能。通过FTU与供电系统自动化主站的通信，提供配电控制系统工作状况和各项技术参数以及检测监控所需数据，包含开关状态、用电技术参数、相间故障、接地故障及其发生时的技术参数等，可执行供电系统主站所下达的指令，对配电装置实施调整和管理，可以实现故障定位、故障隔离和非故障区域恢复供电。

（2）配电变压器设备。供电所配电网设施数量大、功能范围广，但电源结构复杂，在现有城市配电网络控制系统的自动化方面均没有高低压配电网监控手段，自主服务能力比较欠缺。对供电系统线路也没有全景感知与监控，无法实现故障的快速自主解决要求。而且由于目前城市配电网络设备的相对分散，城市配电网络系统调度技术网络集成化程度不高，服务效率也不高。随着新能源接入、电动汽车充电桩的增加，对城市配电网络系统调度能力的需求也愈来愈高，因此城市配电网必须顺应传统输配电网的技术变革，以增强接纳分布式网络结构电源的能力。利用智能配电变压器终端TTU能够对配电变压器的信号进行收集与管理，即时监控配电变压器的运转工况，并可将所收集的信号传输至网络主站，供城市配电价格管理系统进行监控和管理所要的数据。同时TTU还具有信息集中器的作用，即可收集电压电流、监控线路工作状况，并且同时具备电力信号和配电变压器电力数据的收集功能，实现了对城市供电网络工作状况、设备状态进行即时的监测。利用TTU分析与管理高低压配电箱的出线分段，还能够收集台区的电力测量数据，帮助评估台区线损率，为台区降损提供了依据。

（3）低压线路设备。供电所以往的运行监控，主要都是在对高压线路上，而对低压线则没有监控措施。而中低压线配电网络又位于整个供电系统的最末梢，存在着分布范围广泛、条件复杂、运维难度大的特征，且目前设备自动化程度较差，是制约整个供电站的电能质量的主要障碍。对线路分支箱设置中低压线分路监测装置LTU后，在0.4kV低压线上，能够完成对分支线路电压、电流、频率等情况的检测，和对相关装置在分合上情况的监测，还能够自行测绘台线分支拓扑，完成对列车的运行情况监控和线路事故自动研判，迅速确定事故位置，为事故巡线人员提供重要线索，从而增加了现场抢修能力。

（4）营销采集设备。HPLC即高速宽频载波通信方式，比较于传统的窄带载波，具备带宽大、传输速度高的优势，实现了高频数据采集、事件主动报告等功能。由于精细化业务管理需要，原来的量召测数据类型已无法适应供电所的需求，而经过对采集终端和电能表采用HPLC改革，能够提升供电所测量能力和数据采集业务水平，同时还从电能表停电信息报告、信息收集以及台区用户变压器关系识别、网络模块管理工作等方面，进一步挖掘了电能表的潜能，从而形成了更为智慧的物联系统，如图5–9所示。

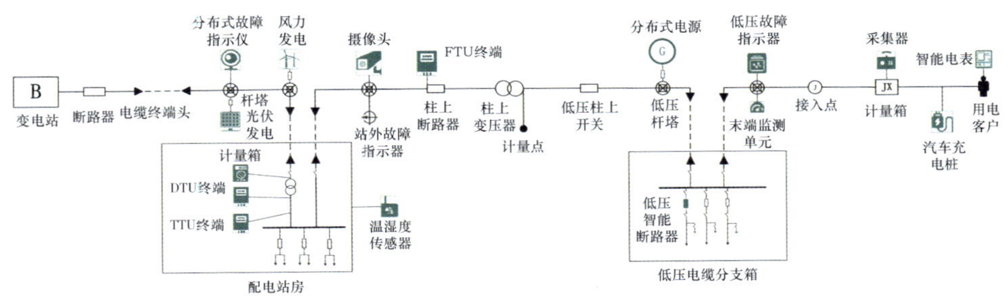

▲ 图5–9 营配智慧物联与拓扑

2. 移动设备的物联

（1）业务轨迹。运用营销GIS系统、车载GPS、移动终端、服务行为记录仪等功能，实现了对任务全过程中包括人、车、物料、设备作业等的即时可视化监测工作。在营销GIS系统地图上，可以即时掌握系统推送的所有服务工单消息的办理人数、距离、时限等信息内容。针对受理顾客提交后产生的服务工单信息内容，可以展示工单物流管理信息，并整合了工单办理人数、管理工作流转轨迹信息以及审核意见；对直接派单至用电所移动终端客户的抢修工单，由供电所综合服务数字化网络平台或调用供电服务指挥平台记录的移动终端客户故障处理工作轨迹，录入接单人、接单时限、到现场人员时限、处理完成时间等信息内容。客户使用“网上国网”App，可以进入对工单信息内容进行的可视化检索功能，在GIS地图上，可以即时掌握信息系统中推送的处理人数、间距、时限等信息内容，从而提高客户服务的满意。

（2）移动作业。借助行为记录仪、移动客户端的音视频交互、摄影、摄像、红外识别能力，对各种行业的工作，尤其是抢修施工现场的即时监测，即时传输事故现场的所有工作图像和视频，完成后端对事故现场工作的即时监督、专家指挥。利用对业务行为记录仪、无线影像终端等装置上安装物联网卡，实时采集影像、声音、路径、位置、终端等的数据并进行上传，从而完成了台区经理业务的实时视音频及位置数据实时上传的工作，全方位提高了台区管理业务工单电子化水平。同时，也由于对台区管理繁忙状态的监控，辅助供电所综合业务数字化平台实现工单派发、网格化管理等功能。“手机+背夹”一终端、多应用。

5.4 停电管理与故障抢修

5.4.1 营配贯通在停电管理中的应用

供电企业停电分为计划停电、临时停电、故障停电、欠费停电、违约停电等。停电管理是指供电时停电而进行的操作管理，通过对各种停电信息分析处理，为检修/施工工程合理安排计划停电、临时停电，故障定位为指挥抢修作出高效指示，为客户报修提供停复电信息。

传统的停电管理基本采取人工操作为主，停电计划、客户报修等靠书面传递，停电范围要翻阅图纸计算分析，这种管理方式准确性低、速度慢，不能实现故障的准确定位、停电计划方案的优化、客户报修的快速处理等功能，无法快速应答客户关于停电的问题，远不能满足电网企业及用电客户的要求。

为满足客户关于电力服务的需求，电网企业利用营配本质贯通的成果，以企业级中台为核心，建成共享融合的营配一体化停电管理应用。根据电网风险情况，进行停电计划排程的智能平衡和优化，实现停电计划和配电网工程、设备状态和故障抢修的信息联动，智能分析停电影响范围，自动获取影响的企业客户和普通居民，并可以通过短信、微信的方式将停电信息精准发送给用电客户，提高电力优质服务质量。营配贯通下停电管理流程如图5-10所示。

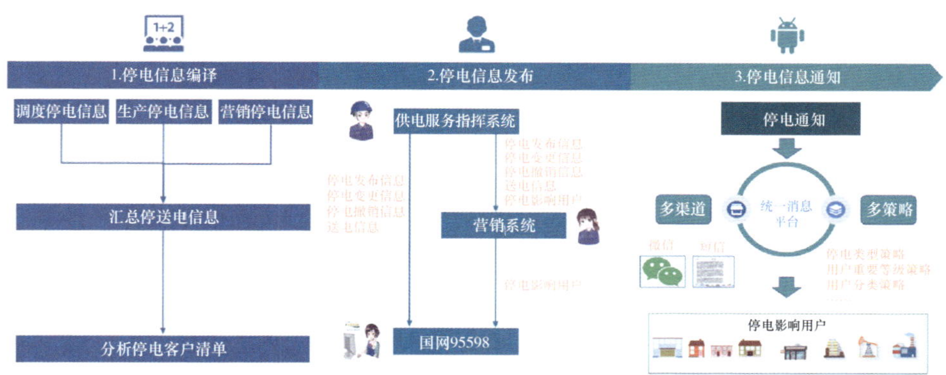

▲ 图 5-10　停电管理流程示意图

5.4.1.1　停电设备所属电网拓扑分析

停电设备所属的电网拓扑分析算法可以视为营配调贯通下的停电影响范围分析的重要方式。在具体应用过程中，工作人员可以从故障停电故障点确认算法、电网拓扑范围分析算法两个方面进行研究与分析。

对于故障停电故障点确认算法而言，故障停电消息一般多从95598客户报修电话获取。该信息会在故障发生的短时间内上报到电力抢修中心，并根据电网设备以及客户关联性将停电设备信息发送到电网地图平台当中，电网拓扑分析中获取故障点位置信息。

对于电网拓扑范围分析算法而言，可根据停电节点对下属供电末端设备进行推导分析。根据分析反馈结果，从电网拓扑关系分析中获取受到停电影响的相关客户。同时，可根据电网地图平台特点，以树形图根节点方式对停电设备进行定义，其中末端叶子节点可以理解为停电范围，如图5-11所示。其

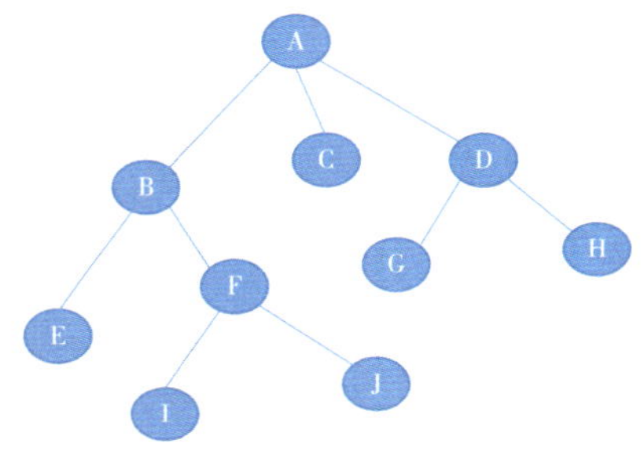

▲ 图 5-11　电网节点树形图

中A可以表示根节点，系统可按照深度优先法查找末端节点E。并利用回溯法查找B，在遍历所有末端节点之后，对终端节点进行遍历处理，最终获取列表。

5.4.1.2 停电影响范围分析

在停电影响范围分析方面，系统可利用上述方法确定故障点，并经过电网拓扑连通性分析之后，获取供电终端信息内容。其中，在最终客户清单的获取方面，结合营配调数据贯通原则，以营配同源维护的图形网架为用户变压器关系基础，深度分析电网设备数据与客户数据之间的关联性。根据分析反馈，经过生成对应停电影响的客户清单。完成上述一系列运作之后，系统可对客户清单范围进行验证处理，确认停电范围分析的客户清单是否精准。

5.4.1.3 自动推送用电停电信息

通过停电管理系统，建设客户互动平台，客户通告更快捷。以客户为核心实现停电、业扩、报修等供电服务信息整合，多元化客户信息通知途径，提前预告计划停电、有序限电、欠费停电情况，及时发布故障停电范围和抢修复电进度。客户便可以随时随地用手机查询实时电费情况、进行电费缴纳、了解停电情况等。

对于故障停电的自动推送信息，主要通过95598报修信息反馈的故障停电信息内容，将相关停电信息推送到客户手机当中。而对于计划停电的自动推送而言，主要是根据停电设备获取的停电客户清单，结合营销2.0系统中客户联系方式对相关停电信息进行推送处理。举例而言，可通过统一消息平台的手机短信以及电力微信等移动终端将相关信息反馈到客户手中，保障客户可以及时掌握停电信息，减少停电损失。

5.4.1.4 构建停电敏感客户分析模型

基于大数据技术，利用随机森林算法，提炼客户诉求、停电、用电、客户档案等特征信息，构建停电敏感客户分析模型，根据模型在营销2.0系统搭建客户基本属性、诉求行为、敏感特征和敏感度建立4类停电敏感标签库，精确刻画停电敏感客户画像。

（1）对外精细化客户服务策略，基于客户停电敏感特征，构建客户单一或者组合的停电敏感标签与预设策略库中服务策略的对应关系，智能适配不同客户停电敏感画像对应特定的服务策略，形成停电敏感客户“一类一策”，有效提升精确服务能力，提高客户服务体验。

（2）对内优化计划停电策略，评估分析初步安排的计划停电可能引发的客户投诉、舆情、民生等风险，对计划停电安排进行停电时段、时长及范围等多维度的优化调整，实现停电事件的服务风险事前防控。

敏感客户分析模型如图5-12所示。

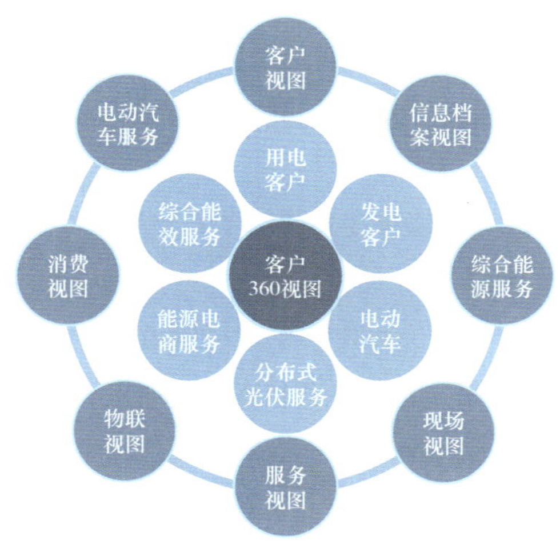

▲ 图5-12 敏感客户分析模型

5.4.2 营配调一体化故障抢修应用

5.4.2.1 配电网故障抢修业务现状

传统配电网故障抢修是以配调系统提供的配电线路、公用配电变压器等的配电网设备为主，未能细化到末端客户，更没有客户的用电情况作为支持，使得配调在决策时只能以配电电网安全为主，难以兼顾客户需求、经济性等其他因素。营销部门掌握客户的基础数据，但由于配电网运行方式、电网拓扑等信息获取不及时，当配电网故障发生时，营销部门无法快速、高效响应客户需求。

按照线路设备的产权划分，配电网故障分为电网企业资产故障与客户资产故障。其中电网企业资产故障按照设备主人的不同，又可分为生产类故障与营销类故障。生产类故障主要是指计量箱以上，即10kV与0.4kV线路设备发生的故障；营销类故障主要是指计量箱内设备故障，即计量箱内开关、线路等与表计故障。目前，配电网故障的抢修工作均按照产权与管理权限划分，即城区配电网的故障抢修由电网企业的配电运检部与营销部计量专业分别负责，其中配电运检运检部负责生产类故障（0.4kV与10kV线路设备的故障）的抢修维护，营销部计量专业负责营销类故障（计量箱、表计故障）的抢修维护；农村配电网则由其所属供电所负责所有配电及表计故障的抢修。

5.4.2.2 配电网故障抢修存在的问题

1. 现场到位效率较低

（1）抢修机制的缺陷。抢修效率是配电网故障抢修的首要条件。在故障发生后，抢修人员要在第一时间赶到事故发生地点，但是基于抢修机制的缺失，没有相关的技术支持与保障，导致抢修人员在抢修过程中流于形式，只是对故障位置进行相关的排查工作，并未进行及时、有效的检修。同时，抢修机制中并未设立完善的值班制度，当事故发生时，抢修人员未能及时赶到事故地点，错过抢修的最佳时机，进而导致抢修效率较低。

（2）自然环境因素。春夏两季是配电故障的高发期，其风雨、雷电天气频发，配电网的检修工作难度较大。由于配电网抢修工作的特殊性，抢修人员需要第一时间赶到事故现场进行抢修工作，但是基于环境因素的影响，特别是雷雨天气，若强行进行抢修工作，抢修困难较大的同时，抢修人员的生命安全也受到威胁。

（3）抢修工作人员的专业素质较低。在配电故障抢修过程中，抢修工作人员的专业素质也是抢修效率的决定性因素之一。大部分的配电网故障抢修的工作人员，特别是农村地区，抢修人员大多数为兼职人员或是当地略懂电力知识的村民，对电力配电网的地形与实际电力情况的认知严重匮乏，不能保证及时赶到故障地点，且抢修技能不成熟。

2. 故障定位不明确

故障定位是确保抢修效率的关键条件，但是在实际抢修过程中，由于故障定位不准确，导致抢修效率较低的情况频发。故障定位不明确的影响因素主要有以下两点：

（1）缺乏技术支持。配电网未能完全实现自动化，配电网故障不能实现有效的隔离。在故障发生时，需要抢修人员进行大面积的排查，并且存在排查不准的现象，故障排查定位所花时间较长，且缺乏准确性，进而延长了抢修时间。

（2）天气影响。前文提到自然因素是影响配电网故障抢修效率的影响因素之一。因此，在暴雨、雷电、大风等恶劣天气情况下，抢修人员难以及时赶到故障现场，并且难以在短时间内确定故障位置。为了抢修工作人员的安全问题，一般要等到天气好转之后才开始检修工作。因此，抢修工作延后，定位不及时，导致配电网损害严重。

3. 修复工作效率较低

随着科学技术的不断发展与产业的多元化发展。电力设备的种类繁多，其设备沿用的工艺技术也有着较大的差距。在抢修过程中，由于采用的设备零件不同或配套设备部齐的情况下，配电抢修工作难度较大，抢修时间延长。

5.4.2.3 营配调一体化故障抢修平台

随着经济的不断发展，人们对于电网停电的时长、次数以及电能质量等供电服务水平提出了更高的要求。配电网故障抢修的效率问题直接影响着电网企业供电可靠性与人民的日常生活，同时也间接的影响了国家的经济给效益与社会的稳定性。因此，构建营配调一体化的故障抢修平台，让故障处理更加快速，提升配电网故障的抢修效率是至关重要的。

营配调一体化故障抢修平台通过整合营销、生产、调度部分系统资源，构建营配一体化配电网故障抢修新模式，实现故障停电信息分析到户、故障综合研判及主动干预、智能化主动抢修以及大面积停电事件联动处理，避免服务隐患升级，提升客户服务水平。平台具备智能研判、自动派单、全程跟踪和移动作业功能，集成主、配电网自动化、用采告警和95598客户报修信息，基于电网故障研判模型自动判断故障设备、影响范围，能够综合抢修资源进行抢修快速派单和资源调配，通过移动终端跟踪抢修进度和现场信息。

营配调一体化配电网故障抢修依托于生产、营销、调度部门之间高效的信息共享和协同作业机制，从配电自动化系统、用采2.0系统、PMS3.0系统、95598客服、营销2.0系统、电网GIS平台等系统获取如下数据信息。

（1）营销2.0系统交互信息：主要从营销2.0系统获取客户档案信息，并且通过数据总线召测营销配变、台区、营配融合信息等其他营销类信息，同时接收营销停电客户信息。

（2）95598客服系统交互信息：获取95598系统提供的客户报修工单，并将故障和非故障停电信息及抢修过程信息发送至95598系统，以便告知客户。

（3）PMS3.0系统交互信息：以PMS为基础平台，获得PMS系统提供的基础台账、设备信息，并接收PMS系统的计划停电信息。

（4）电网GIS平台交互信息：获取电网GIS平台的基础地理数据、电网图形信息、电网拓扑模型等基础信息，实现电网设备查询定位、电网拓扑分析、图形浏览服务等功能，通过电网GIS平台实现应用图形可视化。

（5）用采2.0系统交互信息：接收配电变压器运行信息，当故障定位时可对用电信息采集系统进行数据召测，获取变压器的运行状态，电压、电流、功率等，及客户表计的实时运行数据。

（6）配电自动化系统交互信息：接收来自配电自动化系统的配电网开关动作信息，并召测该配电网线路的故障信息，同时可对配电网线路开关的电流、电压、功率等实时运行数据进行召测。营配一体化配电网故障抢修平台具体应用，如图5-13所示。

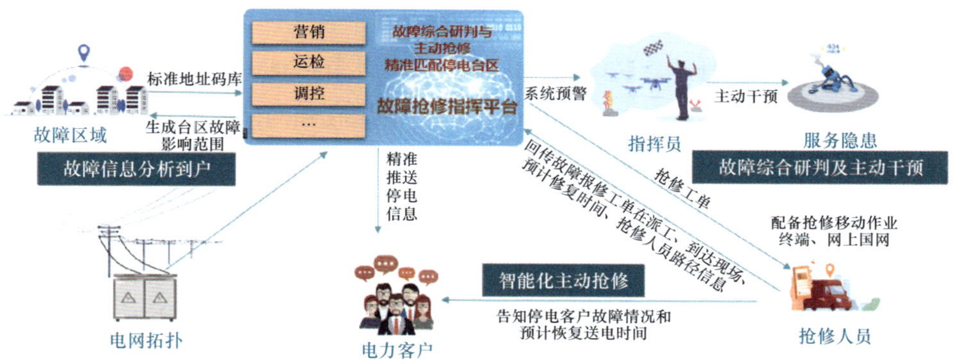

▲ 图 5-13 营配一体化配电网故障抢修平台

1. 故障信息分析到户

当配电网发生故障时，营销、配电共享故障点数据，依据“站—线—变—低压客户接入点—低压计量箱—客户”的“电网一张图”拓扑关系，根据故障线路、配电变压器台区自动定位到影响客户。故障范围自动编译，应用标准地址码库功能，对故障区域内客户按照“居委会（村委会）码+道路码+门牌号+小区码（自然村）+小区楼栋号”的地址格式生成台区故障影响范围，实现故障范围的自动组装，提升故障停电范围可视性、完整性和准确性。某市配电网故障点可视化GIS展示如图5-14所示。

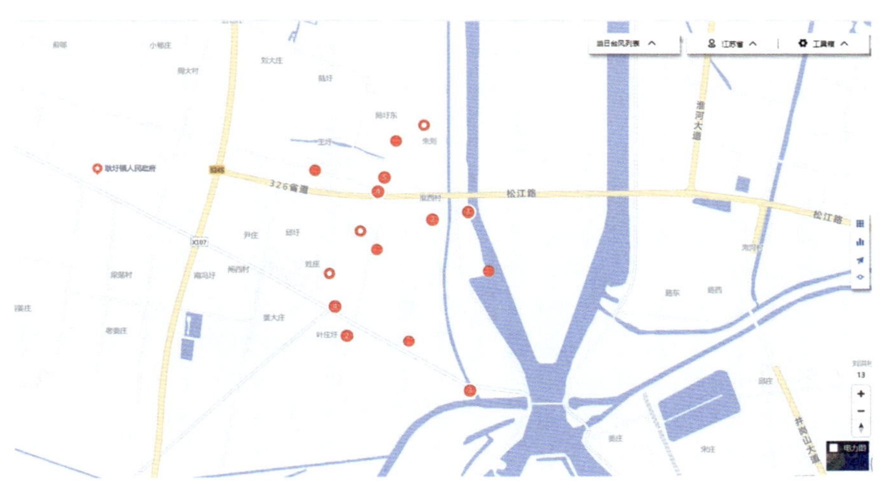

▲ 图 5-14 故障点可视化GIS展示

2. 故障综合研判及主动干预

配电网停电研判原理是配电网停电研判以设备信息、客户信息、电网模型、电网实时运行数据等基础信息为依托，对接收到的停电信息（开关动作信息和配电变压器报警信息等配电网故障信息、客户报修信息、计划停电信息、营销停电信息）进行研判，若同一时间接收多条停电信息，先后研判顺序为：开关动作信息、配变报警信息、客户报修信息。故障停电事件发生时，系统对接收到的停电信息分类，进行各自停电研判，从而实现配电网故障定位、客户报修处理、计划停电分析、营销停电管理等功能，并利用电网拓扑技术进行停电范围分析，将故障信息、停电信息图形化展示。通过在抢修服务平台设定阈值适时进行预警，系统自动对抢修服务过程中的主要指标或常见隐患点进行实时监控，指挥人员根据系统预警对抢修到岗超时、大范围故障停电、长时间故障停电、计划停电延迟送电等潜在服务隐患进行主动干预，避免服务隐患升级。系统自动判断故障设备、影响范围，如图5-15所示。

▲ 图5-15 故障停电影响范围

3. 智能化主动抢修

抢修队伍配备抢修移动作业终端、“网上国网”，实时接收抢修工单、实时上报抢修进度、图形化显示作业信息等，并有效调控抢修人员和车辆、故障报修工单等。通过报修工单中地址扎点对应的坐标，第一时间锁定故障位置，利用抢修移动作业终端的导航系统快速到达客户故障地点。抢修人员及时主动通过抢修移动作业终端将故障报修工单在派工、到达现场、预计修复时间、抢修人员路径实时回传等信息反馈至国网客服中心，并通过电话、短信等方式告知停电客户故障情况和预计恢复送电时间，缓解客户焦虑情绪，减少重复来电和95598故障工单下派量，变被动抢修为主动抢修。

客户通过“网上国网”反映的电力故障报修，可在“网上国网”实时查看抢修人员位置、预计到达时间，以及处理进度等关键信息，让客户随时查看掌握自己报修的电力故障相关情况，用上放心电。通过打通“网上国网”与抢修移动作业终端通道，提高坐标推送频率，同时依托营配调贯通精确的客户户号、联系方式、用电地址、用户变压器关系等客户档案信息，运用GIS地图，提供了“外卖配送”般的可视化的供电抢修服务。“网上国网”App故障报修模块，如图5-16所示；可视化供电故障抢修服务，如图5-17所示。

5.4.2.4 台风影响下的故障抢修应用

一般当发生大面积停电的情况后，短时间内95598客服的咨询、报修电话量必然暴增；由于对应的受影响的具体客户不清晰，安抚客户的时间也会随之增长，同时抢修人员故障定位、故障处理的效率也会受客观因素影响而下降。此时营配调一体化故障抢修应用在信息诊断反馈、95598处理、客户联动安抚救援、故障抢修等方面就有了用武之地。大面积故障停电管理，如图5-18所示。

（1）故障信息诊断。全面诊断、准确判定、自动触发抢修工单。当主变电站停电时，主网SCADA系统会向快速复电系统自动发出故障信息，调度人员在SCADA系统报警后，立即进行事故判断，对无法通过主网恢复的，调度员手工触发故障信息，进行停电事件的信息发布。停电信息发布后，系统会自动生产相应的抢修工单。这时在GIS系统可以直观地了解停电区域。

▲ 图5-16 “网上国网”App故障报修模块

▲ 图5-17 可视化供电故障抢修服务

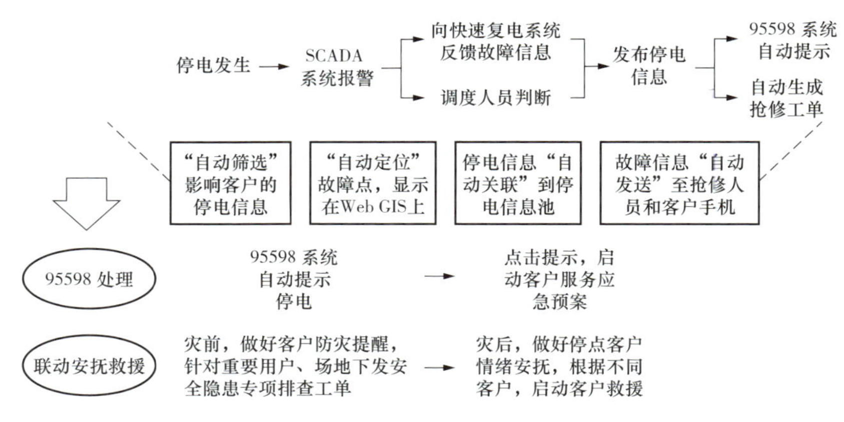

▲ 图5-18 大面积故障停电管理

为快速诊断判别信息，营配信息集成需实现“四个自动”：

1）从海量的故障告警信息中“自动筛选”出影响客户的停电信息；

2）对配电网故障点进行“自动定位”，并显示在地理信息图上；

3）将停电信息“自动关联”到营销2.0系统的停电信息池，供客服人员快速查阅；

4）第一时间将故障信息“自动发送”至抢修人员和客户手机，支撑了抢修复电效率和服务应急能力的提高。

当大面积停电事件发生时，系统能够在很短的时间内根据故障点信息，自动辨识停电区域，自动统计受影响的变电站、线路、设备、客户等信息，并将这些信息同步传递给客服中心、配调中心和配电网抢修班组，类似信息能够根据工作进展同步更新，各个专业实现有效的信息共享，并在共同的信息支撑下，分专业开展应急工作。

（2）95598答复客户。大规模停电事件发生后，在95598客服座席的业务系统会自动产生醒目的事件提示，以告知95598座席人员目前系统出现大规模停电。客户服务人员通系统“大规模停电的提示”，可以了解影响客户的情况，并根据分析结果启动相应客户服务事件应急预案；与此同时，事件详细信息也已经传递到了营销2.0系统中的客户停电管理子系统中，95598客服座席可以在第一时间查询大面积停电事件的范围、线路设备等情况。并选择客户进行短信通知。

（3）客户联动安抚救援。融合气象天气客户安抚的经验，结合营销、生产系统，建立“客户联动安抚机制”，客户信息实时共享。灾害期间客户的停送电信息横向贯通至营销、生产、调度、外联等，支撑开展抢修、客户服务、危机公关等；纵向贯通省市县快响中心、市县片区经理、生产人员等一线班组。

灾前，发布灾害事件，系统自动触发生命线工程客户、重要及重点保障客户、大中型小区、表计（计量箱）、充电站（桩）的排查工单，开展安全隐患排查，向重要高危和易涝地区客户推送安全用电预警短信。

灾后，系统自动触发生命线工程客户、重要及重点保障客户、大中型小区的停电事件工单，第一时间核实客户停电状态，启动客户救援工作。根据系统提供的重要客户、重点关注客户、敏感客户信息，主动与客户联系，对每类客户进行适合的及时通知。如客户有需要，则安排应急电源车等提供应急救援。

具体应用案例：

2021年7月24日至28日，“烟花”台风期间，根据风实时路径，分析台风途径范围内客户用电受影响情况，据统计，某地区台风影响配电变压器3.2万余台，停电客户共达136万余户，通过营配信息集成系统自动发出各类业务工单831个、客服停电通告525个，发送通知短信150余万条，大部分停电客户在3小时内迅速恢复了供电。

1）实现灾前停电动态预警，接入气象预报、灾害预警数据，根据预估的灾害影响范围，提前分析可能会引起停电的影响范围及客户，根据灾害等级，自动触发重要及重点保障客户、大中型小区、表计（计量箱）、充电站（桩）的排查工单，开展安全隐患排查。

2）实现灾后停电跟踪管控，接入故障抢修工单信息、抢修进度信息、抢修人员位置信息等，实时跟踪故障停电抢修进展，支撑停电信息发送，做到停电抢修全流程跟踪。

3）实现灾后客户在线安抚，以客户标签、救灾抢修复电进度为判别条件智能化实时调整客户提示短信内容，动态向客户发送停电信息及安全用电提示信息，满足客户个性化情感需求，安抚客户情绪。

4）实现灾后有序科学复电，优化客户标签画像，结合灾后客户紧急用电需求，以客户类别、客户需求为导向，科学指导开展复电工作，同步进行客户复电情况跟踪，结合客户行政区域地址，实现按社区口径复电客户统计分析，辅助政府相关机构进行受灾恢复研判。

下面以某单位应对2021年台风“烟花”为例。某单位客服应急办根据局发布的防风防汛应急响应通知，明确响应范围及客户服务需采取的具体措施等。提前制定客户停电应急值班表，客服中心具备24小时应急响应能力，由95598责应急服务调。客服应急办通过短信要求本单位相关人员提前到位做好待命准备，各服务渠道提前做好应对准备。组织编制短信模板，通过95598短信平台对全市255万客户发送短信进行台风期间安全用电温馨提示告知。市场营销部在台风到来前组织各区县供电公司对所有重要客户和重点关注客户（特别是防涝排涝客户）进行安全检查，做好击台的准备工作。客户经理提前通知重要客户做好应对台风准备，提前通知生产部门做好应急发电设备调配准备工作。

停电信息的判断与分析。通过客户停电管理系统、快速复电系统、客户服务系统等相关信息支撑，运用营配信息平台准确、快速收集站、线、变、户受灾情况，实现故障停电客户筛选、统计、分析和信息报送。故障停电时，首先由配电网调度人员启动快速复电系统（大面积停电管理系统）建立工作单，自动传到客户服务中心及相关急修班组。客户服务中心快速通过统计功能按“用电性质、用电行业、客户类别”等维度统计出受影响的范围，同时通过营销服务监控调度机制，将实时停电信息及时通知本单位内部人员。根据停复电情况动态向客户发送停送电信息及安全用电提示信息，根据救灾抢修复电进度调整更新客户提示短信内容，安抚客户情绪。95598客服中心启动应急排班，IVR语音播报故障信息，“网上国网”、公司对外服务网站、微博及时发布停电影响公告等。力争做到服务跟踪到位、信息传递到位，复送电情况监控到位。

科学的停复电操作。部分区域复电后，按“民生—居民—重要客户—重点关注客户—其他客户”的顺序实施送电操作，复电操作有序进行。客户服务中心对客户停复电动态跟踪，及时应询客户和下发诉求工单，对受影响的重要客户及重点关注客户的紧急用电需求即时跟进并反馈给各级生产部门，对有需求的客户启用应急包。某单位先后投入抢修人员6000余人，出动应急车辆1100余辆，应急发电车15辆，应急发电机83台投入到抢修复电工作中。区县供电公司用检人员、装表班、客户服务班人员在抢修期间全员出动，组织多支低压复电应急队伍，并派员进驻急修中心，接工作单迅速行动，提高复电效率，对受浸计量箱逐一巡视，排除故障，在确保安全前提下进行送电。台风过后，为确保受浸客户的用电安全，某单位组织多支宣传队伍做好复电时期的安全用电宣传工作，通过上门送达安全用电宣传单、发送提示短信等多种渠道为客户带去安全用电知识，全力确保公共安全和客户人身安全。“烟花”台风影响停电可视化分析如图5-19所示。

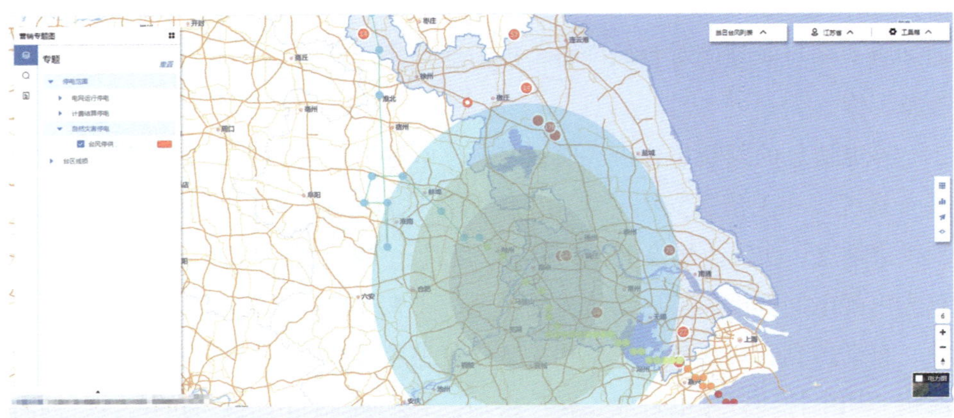

▲ 图5-19 “烟花”台风影响停电可视化分析

应急舆情管理，温馨到户。应急期间，动态收集受影响客户清单及停复电情况并及时报送至局应急办、办公室（新闻部门）、省公司值班室。台风到来之前，组织对地区185万客户发送短信进行台风期间安全用电温馨提示告知。在应急过程中，根据停复电情况动态向客户发送停送电信息及安全用电提示信息，根据救灾抢修复电进度调整更新客户提示短信内容，安抚客户情绪。

5.5 线损分析与长效管控

营配贯通是通过实现基础数据“站—线—变—户”对应关系的维护来支撑线损的治理提升，以此实现“技术线损最优，管理线损最小”的目标。通过以线损合格率指标为导向，以分析和管控处理为手段，对前端营配基础的真实性进行反向验证，推动资源优化集成，提高营配数据一致率，提升线损合格率，降低用能成本，为电网企业强基固本、提质增效。

5.5.1 营配贯通和线损管理的关系分析

线损是电网电能损耗的简称，是电能从发电厂传输到电力用户过程中在输电、变电、配电和营销各环节中所产生的电能损耗和损失。具体指在一定时间内，电流流经电网中各电力设备时所产生的有功、无功电能和电压的损失。线损结合营配本质贯通原则，以电网一次系统图为基准，根据现场勘察结果，利用“变电站—线路—配电变压器—电表”对应关系和用电信息进行信息采集，因此建立保持电量供应与销售之间相对平衡的线损精益化管理机制十分重要，同时需建立有效的线损异常预警排查机制。这两种机制可以采用“四分”计算模型对一体化电量和线损进行分析，并且能够对分压、分区、分线以及分台区线损进行实时计算，实现对线损全过程的高质高效管控，辅助校验站—线—变—户关系的准确性。营配数据还可以支撑查找电能表故障、客户窃电等行为，帮助分析线损的薄弱环节，促进电网的精益化管理。

线损管理是基于营配贯通的一项实用化管理，经过复杂的采集、计算与分析后，才能做出正确的判断，进而采用相应的治理措施。线损计算公式为：

$$线损 = (供电量 - 售电量) / 供电量$$

其产生异常的原因主要有：

（1）营配数据档案不一致。由于营销、生产等专业的系统长期独立运行管理，业务流程独立流转，交互点较少，基础数据收集多为人工操作，信息协同存在困难，系统内容易出现线变关系、变户关系等错误，使得线损出现高负损情况。

（2）缺少营配专业配合。表计、互感器等出现问题后若不能及时察觉修复，会造成部分配电变压器、客户的电量缺失，导致台区线损与中压线路线损高负损的情况。中压线路线损治理由配电负责，而变电站关口表的新装、运维与检修工作由计量中心负责；台区线损由营销负责，而配变关口的互感器及二次线新装、运维、更换工作需要配电实施停电计划。这就需要营销与生产专业的有效沟通与配合，在做出综合分析后制定出相对合理的治理措施。

（3）缺乏常态化、智能化、可视化的监控手段。缺少精准定位和快速排除的能力，则无法满足对异常线损治理的时效性、便捷性要求。

线损的分析对象和计算结果受配电网变动的直接影响，若更新不及时会引起线损波动。在电网实际运行过程中，由于环网关系复杂，在负荷高峰期时，设备会出现较为频繁的变动，影响线损分析对象的稳定性。

“线变”关系的变动。常见的10kV供电线路往往连接多个变压器，当负载较高时，由于不同变压器供电区域负荷属性的不同，其变化趋势往往不同，有时为了平衡负载需要对同一条线路的变压器进行倒闸操作，“线变”关系将发生暂时的调整；此外，若线路新增变压器建档更新不及时，也将造成暂时的实际线路拓扑与营配档案拓扑不一致的情况。

“变户”关系的变动。供电台区作为电网供电给低压客户的最终环节，处于电网的末端，不同台区的接线情况各不相同，规律性不强且拓扑情况复杂。相邻台区的客户分界点模糊，易造成档案与实际电源点不符，且随着时间的推移，也存在档案更新不及时的情况。

这些“线变”和“变户”关系的不一致会影响线损的计算与治理工作。目前，主要通过人工校核其准确性。“线变”关系通过人工巡线的方式，“变户”关系通过载波通信校验，利用具有载波通信功能的采集器与手持载波通信仪共同配合进行校验。

建立准确的拓扑关系对采集有效的用电信息具有重要意义。营配本质贯通以电力设备数据为核心，通过企业级中台提供涉及变电站、线路、变压器、计量箱等电网资源及拓扑关系的实时数据，解决数据异动存储引发的异常问题。同时由营销2.0系统向电网资源业务中台提供客户档案、受电设备、计量箱、户表关系等客户资源实时数据服务，支撑生产业务应用。

通过数据工程集中录入存量数据，通过电子化移交持续维护增量更新数据，使得数据与实际相一致，并同步反馈至用电信息采集系统和一体化电量与线损管理系统中。基于准实时拓扑，集成变电站10（20）kV出线关口电量和配电变压器、客户表计采集电量，分线分台区计算配电网线路、供电台区的实际损耗，开展线损计算，智能研判线损异常原因，为技术和管理降损提供了量化分析的依据。

5.5.2 营配贯通线损实用化分析和管理方法

营配本质贯通有利于建立准实时拓扑信息、电量信息联动的线损分析，对线损管理的提升有着重要的意义，同时对企业从规范化管理到标准化管理再到精益化管理起着关键作用。

依托营配本质贯通实现营销2.0系统、PMS3.0系统、用采2.0系统、电网GIS系统的数据共享，发挥各电网企业低压采集全覆盖，数据采集完整率、准确率高的优势，开展线损治理工作。整个过程从抓取数据源头的自动化采集覆盖，到抽取数据集成资源并保证其客观性，到智能研判提高线损分析时效性，到发现异常自动生成工单的闭环管控，都非常重视数据的分析与措施制定，而这些都依赖于营配本质贯通。营配本质贯通的线损分析与长效管控，如图5-20所示。

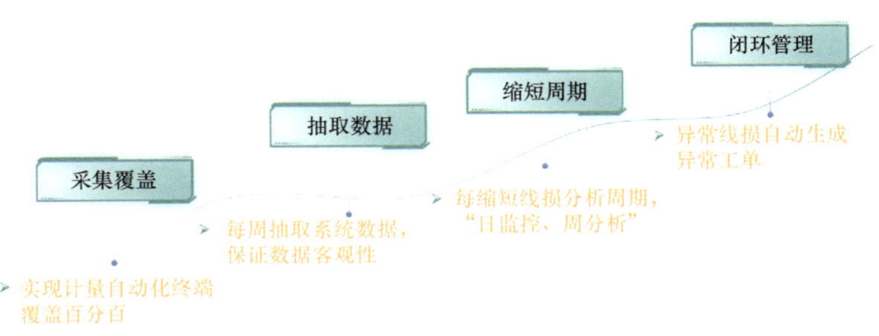

▲图5-20　营配本质贯通的线损分析与长效管控

通过对变电站、配电房、客户的计量自动化终端进行全覆盖，实现计量装置在线监测和客户负荷、电量、电压等重要信息的实时采集，及时、完整、准确地提供基础数据，完成系统自动计算线损异常信息接口的开发。线损管理通过整合用采2.0系统的电能数据、营销2.0系统的客户档案和生产系统的设备台账、GIS平台的电网拓扑等信息，完成分线线损异常率和分台区线损异常率的计算，以便于线损管理人员从系统中能够及时地了解信息、处理信息，进行异常线损治理。

根据线损的性质可以分为技术线损和管理线损，技术线损，又称为理论线损。它是电网各元件电能损耗的总称，主要包括不变损耗和可变损耗。技术线损可由理论计算来预测，通过采取技术措施达到降低的目的。管理线损主要包括由计量设备误差、档案差错或窃电等管理不善所引起的线损。线损的组成和性质，如图5-21所示。

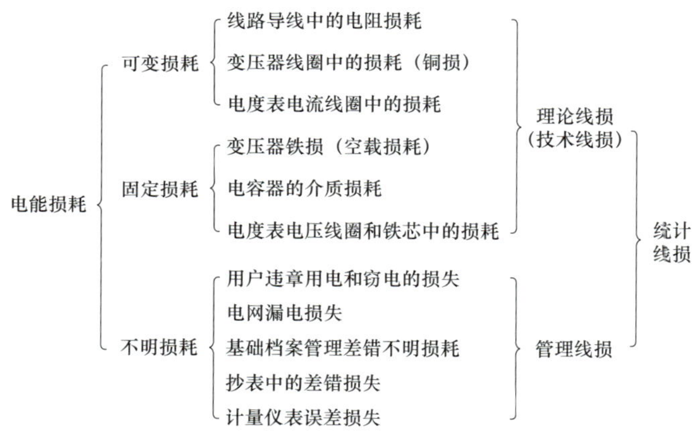

▲ 图5-21　线损的组成和性质

线损管理不当会造成企业的经济损失，为了降低用能损耗，提高电力企业经济效益，需对线损进行常态化治理。除了由技术问题造成的理论线损外，管理线损是日常工作中值得注意的。线损的治理不仅包含了生产专业对公用变压器、公用线路的管理，也包含了营销专业对专用变压器、专用线路的管理和计量表计的采集管理，只有在线变关系一致、变户关系一致、数据采集正常且客户无窃电行为的情况下线损指标才可能合格。

经过多年探索，国家电网公司形成以线损“四分”管理为特征的线损管理模式，“四分”管理是指对所辖电网采取包括分区、分压、分线及分台区的线损管理在内的综合降损管理方式。通过找到输、变、配、供各环节关键的“跑、冒、滴、漏”异常点，发现线损的异常信息和变化趋势，然后进行闭环管理。

在营配本质贯通的有力支持下，线损统计分析由原来的“月分析”缩短为日监控、周分析和月审核发布，有效实现了线损闭环管理。并通过对线损突变的实时监测，及时发现线损异常并作相应处理，有效地解决了因计量装置故障以及窃电、违约用电等存续时间长而导致的追费难等问题，保护了企业的经营效益。

在用采2.0系统和一体化电量与线损管理系统统计每日线路、台区线损率。通过“日/周/月管控”工作机制，对新增数据和异动数据开展常态化质量核查，变“事后补救”为“事前预警”，智能研判并预警线损率存在异常“潜质”的线路或台区，并在GIS图中进行可视化，高亮显示异常数据以便引起重视，尽早处理。若已出现线损异常，则由系统初步研判异常原因，自动辨识可疑数据点。通过辨识历史负荷数据中，有数值突变特征的可疑数据点进行补采修正。若无法修正，则可采用现场核查的方式检查异常可疑数据，提升采集质量和损耗准确度。线损监测治理工作台，如图5–22所示。

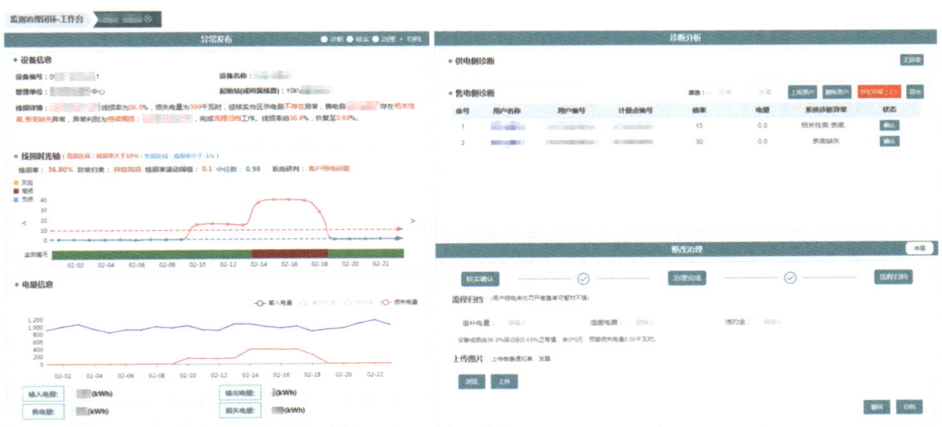

▲ 图5–22　线损监测治理工作台

对于长期高负损线路、台区，按照设定线损阈值启动线损异常工单，并将工单下派至区、县公司线损责任人进行异常处理，并对原因分析和处理结果进行核实，形成线损异常闭环管理，线损异常工单流程图如图5-23所示。

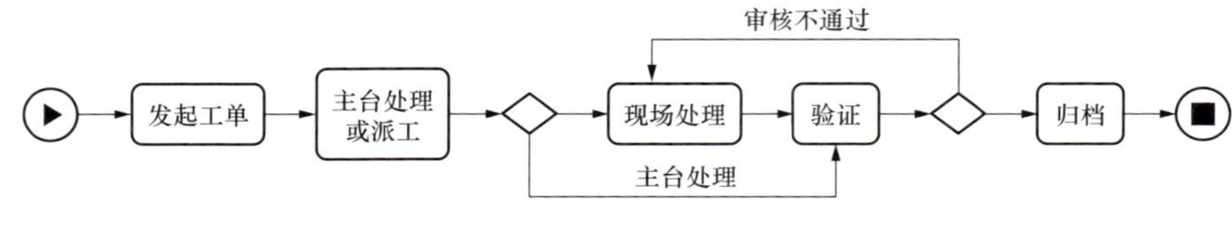

▲ 图5-23　线损异常工单流程图

在线损工作中，根据各部门业务分工的不同，建立线损异常管理应用对象及业务角色表，如表5-1所示。

▼ 表5-1　　线损异常管理应用对象及业务角色

功能类别	应用对象	业务角色
线损异常分析及各部门职责	营销部	线损管理的业务主管部门，编制相关管理规定
		负责全局线损对比和异常分析处理工作情况统计上报
		明确线损异常发布、监测、处理、跟踪的分工职责
	营销服务中心	负责线损监测和周线损异常发布情况
		负责线损异常工单初审，排除系统问题
		负责线损异常处理过程、效果的监督
	区县供电公司（含各供电所）	线损监测和异常查处的责任主体
		负责采集运维，确保电能量数据的完整、准确、可靠
		每年将线损理论值录入用电信息采集系统
		线损异常工单启动、分析、处理
		负责管辖范围线损比对和异常分析处理工作情况统计上报
	信息中心（项目组）	负责相关系统接口正常运行和线变户数据正常传递
	设备管理部	技术降损的业务管理部门

线损异常工单处理的具体流程如下：

（1）区县供电公司线损管理人员将线损理论值录入用电信息采集系统和一体化电量与线损管理系统，作为开展线损比对阈值。

（2）区县供电公司线损管理人员统计相关系统中线损报表，并将长期线损异常的线路或台区以工单形式发送到相关线损责任人。如属于采集异常或计量设备故障问题，则交由采集运维人员进行先行处理，其他线损异常工单由线损责任人分析相关情况，进行现场核查。

（3）相关线损责任人对线损异常工单分析和处理，制定治理方案，如有技术降损处理需求通过工作联系单同时报送归口管理部门。

（4）确定方案实施责任人，下达线损异常处理任务并落实措施，线路、台区责任人对线损异常处理情况进行全过程跟踪闭环办结。

（5）班组负责人对线损异常处理措施的落实情况进行查验并出具验收意见，经区县公司线损管理人员审核后归档并跟踪处理成效，对线损异常形成闭环处理。

（6）营销服务中心开展月/周线损异常工单处理检查，跟踪线损异常整改处理结果。线损异常工单示例，如图5-24所示。

▲ 图5-24 线损异常工单示例

通过不断完善营配数据，建设基于营销侧与生产侧数据有效一致与有效更新的线损统计模型，合理有效应用用采2.0系统与数据统计方法进行线损管理。

对于低压台区线损而言，建设台区关口和台区下客户的户变关联性，严格依照日、周、月收集并测算台区关口供电量和台区下全部客户的用电量，测算出台区的实时线损率，在每日线损精确计算的基础上，对线损异常情况自动进行日常跟踪和分析。通过分析及时发现台区与客户的采集、计量装置、户变相关性、供用电规范等相关问题，有效提升台区线损异常数据治理效果。

对于10kV线路线损而言，建设线路和变电站、台区的线变关联性，通过日线损与指标值的比对，筛选出线损异常的线路。对于异常线路，通过负荷、电量分析，初步筛选出因轻载、缺数、电能量数据异常等原因造成的异常。剔除上述异常后，生成线损异常处理工作单，发送给相关线路责任人原因分析和处理。并由线损管理人员进行线损异常处理质量、异常原因分类统计和整改效果跟踪，形成闭环管理，提高线路线损异常治理效果。

营配贯通日常工作对提升对营配数据的管理水平和线损的管理水平有着重大意义。依靠电力企业内部的生产和营销部门的相互配合，在有效关联信息系统的基础上，通过系统间异动流程来实现两个部门营销侧与生产侧数据的一致性、准确性，可以在根本上避免营配贯通线损异常数据的产生，从而进一步提高线损管理水平。具体实施方案如下：

（1）做好设备的运行维护管理工作。提高设备的运行效率，对年代较长的设备定期巡查或更换。定期核查现场与采集系统的参数信息，制定相应的工作规范，建立统一的数据格式标准，完善营配数据采录质量监管制度。按照谁采集谁负责的原则，对数据采集等工作的开展进行严格管理，合理规范治理工作，确保数据的完整性与准确性。

（2）核查电力设备基础数据。核实不同客户之间供电点和电源点、变压器和线路之间形成的关系，将变压器营配资源定义成集成点，在标准化平台上管理、维护电力设备信息，并完成建档。将线路、杆塔和计量箱统一编号并规范命名，在生产管理系统和GIS系统中绘制低压计量箱并沿布，实现低压图纸的信息化。

（3）做好营配数据普查工作。加大营配信息的普查力度，建立统一的档案管理标准，做到对电力客户及设施档案的动态管理、完善。建立以线路和台区为中心的数据清理目标，不断强化对数据采集、定位、绘制的管理，保证基础数据录入的准确性，确保数据治理和设备测绘形成常态化。并根据实际工作情况，重点加强对年代久远小区进行排查，采取科学的排查方式，制定合理的排查方案，提升数据的准确性与可靠性。

（4）做好数据的对接集成工作。当前形势下，营配的增量数据波动性较大，需要强化增量数据的交互性，动态管理增量数据。针对客户新装、扩容、变更情况，科学整顿业务的运作程序，规范化管理业务流程。整体理顺和生产、营销设计相关的数据流程，特殊情况下增设地理信息维护环节，提升变更业务数目。

（5）倡导无纸化的新型管理模式。结合营配贯通的运行现状，打造功能完善的数据融合业务平台，完善营配关系维护流程，增设业扩、销户材料通告流程，实现警示、统计查找、程序化管理与控制。

5.5.3 线损异常工单处理与可视化应用

通过对电力企业数据与业务的动态运行情况进行获取和集中式处理，将线损的异常信息与可视化展示相结合，有助于工作人员对线损的历史信息资料进行分析，研究线损数据的规律以及客户的用电趋势，从而更准确地定位线损产生异常的原因。可视化展示主要是通过营配数据采集线损信息，然后利用电网GIS系统平台，按单位、电压、线路、台区分块显示线损清单并进行着色展示，进而定位某一线路、配电变压器对其历史值和实时线损进行可视化展示。这项应用在一定程度上，减少电力工作人员的工作量和工作难度，能够帮助电力工作人员对数据资料进行客观直接的分析。

以低压台区线损为例，线损管理人员在营销2.0系统管理看板中查看每日线损报表，并将不合格台区以异常工单形式派发给对应的客户经理处理，如图5-25所示。

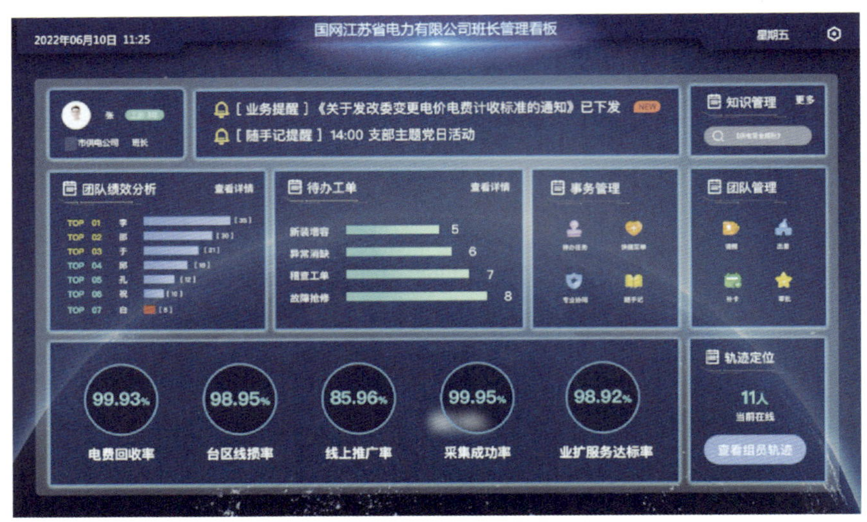

▲ 图 5–25　管理看板

某日，客户经理小刑收到线损异常工单，首先在GIS图中对不合格台区的线损信息进行可视化操作分析。操作过程如下：

（1）通过营销2.0系统导入台区编号，选中查找的台区并高亮显示，进入台区及台区下变压器相关位置定位及信息展示页面，可以看到该台区的相关信息，包括供售电量、损失电量等。台区定位及信息展示页面如图5–26所示。

▲ 图 5–26　台区定位及信息展示页面

（2）通过查看该台区的7日线损趋势图，查看异常产生日期，有利于进一步分析。台区线损趋势图展示页面如图5-27所示。

▲ 图5-27　台区线损趋势图展示页面

（3）查看该台区采集成功率，关口表和客户表的采集成功率均为100%。

（4）查看该台区电压电流曲线，未有失压失流现象。台区电压电流曲线展示页面如图5-28所示。

（5）通过相邻台区间的载波信号分析，自动识别台区中客户的变户关系，未发现异常。查看台区内计量装置，发现有一块表计异常，疑似失准，需要前往现场核实。

经过GIS系统可视化分析，小邢准备去现场确认线损异常是否与该表计相关。他利用掌机查看待办工单，在不合格台区线损中找到该客户及其表计，定位位置并对车辆的规划路径进行最佳路径分析，来到该客户表计安装处，打卡确认出勤现场。移动掌机页面展示，如图5-29所示。

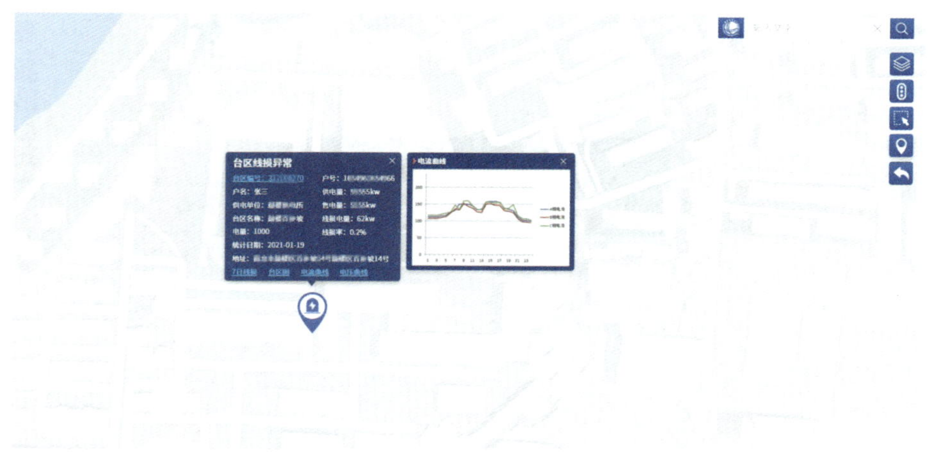

▲ 图 5-28　台区电压电流曲线展示页面

▲ 图 5-29　移动掌机页面展示

通过采集数据和现场检测确定现场为表计故障，需更换电表处理。场检测及更换电能表，如图5-30所示。

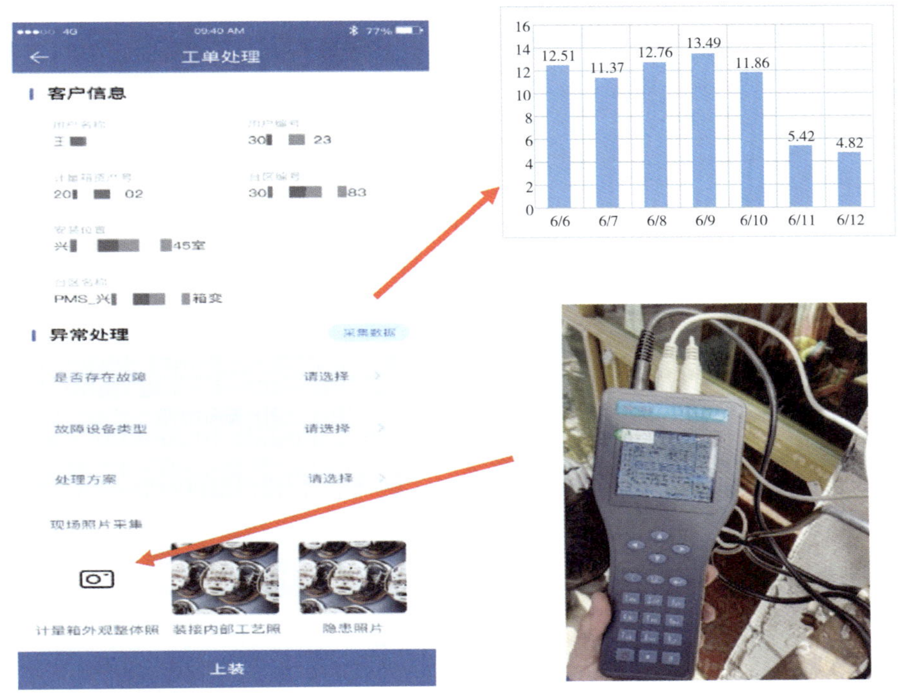

▲ 图 5–30 现场检测及更换电能表

小邢在移动终端上录入故障信息，系统自动发起计量装置更换流程，小邢录入电表底度，客户确认后在移动终端上签字确认。若客户不在现场，可以选择远程确认方式，包括“网上国网”、短信、第三方等。表计异常处理及底数录入如图 5–31 所示。

系统自动匹配当前工单客户，生成任务并自动填充相关信息，小邢使用移动终端直接（扫条码）录入预领电表信息，系统自动关联预领电表信息。通过移动终端录制电表装拆全过程并上传，完成设备装拆后，传递流程至采集调试界面，现场完成采集调试，并将该计量装置故障流程归档。表计更换调试与采集调试，如图 5–32 所示。

更换客户的失准表计后，经过一段时间观察，发现该台区线损恢复合格，由此完成了一台高损台区的治理。

▲ 图 5-31 表计异常处理及底数录入

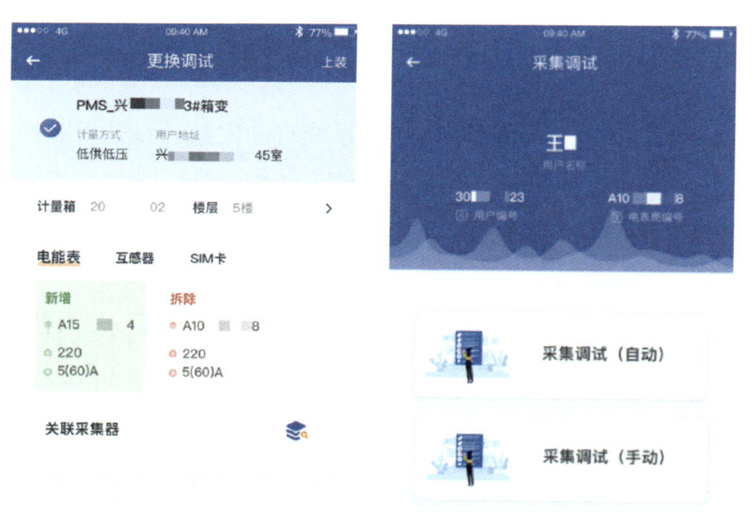

▲ 图 5-32 表计更换调试与采集调试

综上所述，营配本质贯通下的线损治理，虽然相对较为系统化与复杂化，涉及多方面的专业知识，并且要求相关技术人员应具备较高专业素质和业务能力；但是营配本质贯通推进以后，形成了每日监测、常态监督、协同指标提升的有效工作机制，使得线损治理效率明显提高，指标成效显著提升，打开了“降损增效”新局面。

6 营配贯通精益化管理提升

经济发展，电力先行，随着我国经济的快速增长与电力需求的持续增加，安全、稳定和充足的电力供应，是经济稳定健康发展的重要前提条件，是关系到国计民生的大事。各项生产生活都离不开可靠的电力供应，要科学有效地做好电网规划、建设，精心组织好各项电力运行管理，才能有力地支撑国家经济建设，才能为社会的正常运转和人民生活水平提供保障。

国家电网公司在积极适应社会发展的同时，已经注意到客户快速变化的个性化需求与国家电网公司的服务水平间的差距。随着电网建设的持续投入，以及硬件水平、管理水平和服务水平的逐步提高，供电可靠性、电压质量得到不断提升，然而客户的期望值则以更快的速度上升。

面对新时代的挑战，管理的精益化成为企业生存与发展的关键。

6.1 营配贯通精益管理探索实践

精益管理的概念始创于丰田公司（Toyota）大野耐一（Taiichi Ohno）实行的即时生产（Just-in-Time，JIT）概念，其核心是在企业的生产环节及其他运营活动中彻底消灭浪费现象。

精益管理由最初的在生产系统的管理实践成功，已经逐步延伸到企业的各项管理业务，也由最初的具体业务管理方法，上升为战略管理理念。它能够通过提高顾客满意度、降低成本、提高质量、加快流程速度和改善资本投入。

精益管理两要素：

（1）精——少投入、少消耗资源、少花时间，尤其是要减少不可再生资源的投入和耗费，高质量。

（2）益——多产出经济效益，实现企业升级的目标。更加，精益求精。

推行精益管理模式，对于促进我国企业改革有非常重要的意义。

首先，精益管理有利于实现两个根本性转变。一方面精益管理的出发点就是强调顾客确定价值和顾客拉动，而市场经济的基本动力是用户的需求，另一方面，粗放型与集约型最本质的区别在于是否最大限度地减少各种形式的浪费，合理利用社会资源，提高国民经济的整体效益。

其次，精益管理有利于企业运行模式的改革，在国有企业中，浪费现象严重，产品开发周期长，成功率低，生产过程库存过大，物资积压，造成资金沉淀。运用精益管理方法，将有助于企业改革原有运行模式，消除浪费。

再者，精益管理有利于企业集团的战略实施，发展企业集团是国有企业改革的一个重要战略，企业集团往往由外在生产过程上、中、下游的一组企业构成，如果在企业集团中运用精益管理，则使每一个企业之间相互协作关系更和谐、更紧密，使每个企业都减少库存，提高资金效率，社会资源浪费会大大减少。

我国企业对精益管理的运用正处在起步阶段，推行精益管理模式中，必须执行以下三个原则：

（1）精益管理必须考虑均衡发展。有些企业在精益管理的追求过程中，过分强调扩大生产规模，在引进国外先进技术装备时，片面追求高自动化和高生产效率，而不考虑整个生产过程和需求的均衡性，企业重技术轻管理现象也比较普遍。所以要转变观念，树立精益意识，考虑均衡发展，企业才能有效地遏制浪费，提高资金运用效率，增强社会竞争能力。

（2）精益管理必须深入开展研究。精益思维是精益管理的核心。鼓励企业运用精益管理方法，但要开展相应的学习培训，灌输精益管理，开展深入的精益管理研究，不能只浮于表面，得让企业结合自身情况，按照精益思维原理进行改进。

（3）精益管理模式必须因地制宜。精益管理不是企业管理活动的全部，它应与企业的其他管理活动相协调，同时，不同行业不同企业的客观环境不一样，企业管理适宜方法也不应一致。精益管理只是生产管理的一种较好模式，具体实施要因地制宜，只有每一个企业都有自己的“精益原则”，才真正得到了精益管理的精髓。

国家电网公司作为国家能源战略布局的重要组成部分和能源产业链的重要环节，在中国能源的优化配置中扮演着重要角色。坚强的智能电网不仅是连接电源和用户的电力输送载体，更是具有网络市场功能的能源资源优化配置载体，充分发挥电网功能，保障更安全、更经济、更清洁、可持续的电力供应，促使发展更加健康、社会更加和谐、生活更加美好是国家电网公司的神圣使命。

国家电网公司作为经营范围遍及全国26个省（自治区、直辖市）、供电人口超过10亿的供电企业，既承担着优化能源资源配置，满足经济社会快速增长对电力需求和为电力客户提供安全、可靠、清洁的电力供应和优质服务的基本职责，也承担着确保国有资产保值增值，增强国家经济实力和产业竞争能力的重要责任，坚持经济责任与社会责任相统一，服务社会主义和谐社会建设。

在这种使命与责任的推动下，国家电网公司的精益化管理势在必行，营配贯通就是国家电网公司在精益化管理的探索中得出的具体成果，企业精益管理理论为营配业务的贯通融合提供了理论指导方向，解决各部门之间的工作效率低的问题，促进了专业间的纵向贯通和横向融合，深入推进营配贯通实用化，落实客户服务为中心，提升业务协同效率和供电服务水平。

6.2 营配本质贯通精益管理建设

营配本质贯通工作部门多、人员杂、专业跨度大，为此，构建“四体系”（数据治理管理、流程交互管理、人才培养管理和基层调研管理四大体系）、“一标准”（管理评价标准），保障相关工作的全面有序推进。

6.2.1 营配数据质量管理体系

数据是营配本质贯通的基础，营配基础数据质量的管控对营配贯通工作有承上启下的作用。在营配基础管理中强调现场与数据并重，明确管设备也要管数据，以PDCA方法论为指导，建立营配贯通数据质量管理体系，形成覆盖营配数据质量度量标准、清理办法和支撑工具在内的全面质量治理体系，并以工程化方式推进存量数据的治理工作，实现了数据质量及管理过程的循环式改进和优化。

什么是PDCA？PDCA是英语单词Plan（计划）、Do（执行）、Check（检查）和Act（行动）的第一个字母，PDCA循环就是按照这样的顺序进行质量管理，并且循环不止地进行下去的科学程序。

（1）P（Plan）：计划，包括方针和目标的确定，以及活动规划的制定。

（2）D（Do）：执行，根据已知的信息，设计具体的方法、方案和计划布局；再根据设计和布局，进行具体运作，实现计划中的内容。

（3）C（Check）：检查，总结执行计划的结果，分清哪些对了，哪些错了，明确效果，找出问题。

（4）A（Act）：行动，对总结检查的结果进行处理，对成功的经验加以肯定，并予以标准化；对于失败的教训也要总结，引起重视。对于没有解决的问题，应提交给下一个PDCA循环中去解决。

以上四个过程不是运行一次就结束，而是周而复始的进行，一个循环完成，解决一些问题，未解决的问题进入下一个循环，这样阶梯式上升。

PDCA循环是美国质量管理专家沃特·阿曼德·休哈特（Walter A. Shewhart）首先提出的，由戴明采纳、宣传，获得普及，所以又称戴明环。全面质量管理的思想基础和方法依据就是PDCA循环。在质量管理活动中，要求把各项工作按照作出计划、计划实施、检查实施效果，然后将成功的纳入标准，不成功的留待下一循环去解决。这一工作方法是质量管理的基本方法，也是企业管理各项工作的一般规律。

营配贯通数据质量管理体系依据PDCA，设定为治理准备、标准制定、分析治理、巩固提升四个阶段，有序开展营配贯通数据治理工作。

6.2.1.1 治理准备阶段

营配贯通数据治理是一项常态推进、持续发力、久久为功的工作，实施对象为电网企业所辖区域内所有客户和电网设备信息，存在面广、量大、跨专业等难点，且由于营配贯通工作涉及生产和营销两大部门，长期以来，这两个部门由于工作职责和目标的不同，存在一定的本位主义，营销和生产工作分工如不明确清楚，在工作配合、业务交流上很难避免出现因工作要求、业务习惯不同而导致沟通不到位、协调不一致、职责划分不清等情况。

一方面搭建省、市、县、所四级数据质量管控体系，纵向建立数据质量分级管控网络，横向形成营销、生产等跨专业沟通协调机制；另一方面成立营配贯通工作领导小组，小组由企业高层管理者进行领导，负责生产、营销等跨部门的工作协调，共同推进营配贯通的实施，工作小组的成员由生产、营销等部门专业人士组成，主要负责具体任务的执行。

明确生产和营销以供用电双方约定的产权分界点为界来划分专业职责，生产专业负责接入点及以上的公用变电站、公用线路、公用变压器、低压线路、接入点等数据的绘图、采录与治理工作，营销专业负责用户专用线路、用户专用变压器、低压计量箱等数据的绘图、采录与治理工作，常态化推进营配贯通数据治理工作。

在客户图形维护方面，制定详细的绘制标准与原则，来确保绘图质量、挂接的准确性等，防止出现图形绘制不标准、飞点飞线、开关设置导致线路异动错误等情况。

（1）针对用户专用线路资源，营配数据的维护以供用电双方约定的产权分界点为界，生产专业绘制变电站出线间隔开关等属于供电公司资产的设备，营销专业绘制用户资产部分，并挂接至相应的电网设备；绘制的线路要区分架空、电缆和混合线路，分别绘制杆塔、导线段、电缆终端头、电缆段等；对各类设备的坐标应现场定位，确保沿布至GIS后图形设备类型、数量及位置准确，PMS单线图及GIS地理图的专用线路图形应关联至营销系统的专用线路档案，设备名称、电压等级、运行状态等应与营销系统专用线路台账一致。

（2）针对用户专用变压器资源，生产专业在分界点处维护接入点，营销专业绘制用户资产部分，并挂接至接入点；专用变压器图形绘制应严格遵循用户实际电气接线情况，营销系统中的用户受电变压器（包括所用变压器和保安电源变压器）应逐一绘制，二级变无需绘制；用户保安电源、自备应急电源、光伏并网电源均应绘制。如用户有两个以上电压等级，应绘制最高电压等级，其他电压等级仍有电源点的，则需延伸绘制至相应电压等级；低压受电设备不作绘制要求。

用户专用变压器如是柱上变压器，则应选用“变压器”图元，应绘制电缆段（或导线）、变压器；用户专用变压器如是箱式变压器，则应选用“箱式变”图元，在用户站房内，绘制母线、断路器（或负荷开关）、变压器、出线点，出线点与用户接入点之间应绘制电缆段（或导线）、连接线；用户专用变压器如是户内变压器，则应选用“用户站”图元，在用户站站房内，绘制母线、断路器（或负荷开关）、变压器、出线点，出线点与用户接入点之间应绘制电缆段（或导线）、连接线。双电源用户在站房内绘制两路母线，分别对应两路用户设备。

柱上变压器、箱式变压器、户内变压器的坐标应现场定位，并根据坐标的实际位置在GIS图形上定点。

接入点与高压用户的供电电源为一一对应关系，一个接入点挂接一路进线。接入点与用户站房之间，应按照现场实际，绘制电缆段或导线，再通过连接线进行连接。柱上变压器、用户站房及其与接入点的连接线，不应与其他设备图元重叠。

箱式变压器、户内变压器绘图，应对用户站房进行命名，命名可采用“户名（户号）”的格式，如“南******院（320**********）”，或与生产部门协商确定。进线断路器应命名为高压进线的线路名称。受电设备以及保安电源、自备应急电源等的命名，应与营销系统设备台账一致。

专用变压器、保安电源、自备应急电源图形应关联至营销系统的专用变压器、保安电源、自备应急电源档案，确保设备名称、电压等级、容量标注等与营销系统设备台账一致。

单电源用户，隔离开关、断路器（或负荷开关）等开关类设备的应根据用户的常用运行方式设置“切换到分”或“切换到合”，正常均设置为“切换到合”；双电源用户，其两路进线的隔离开关、断路器（或负荷开关）应设置为“切换到合”，母联隔离开关、断路器的“开关作用”应设置为“联络”，并将开关设置为“切换到分”。

（3）针对低压计量箱资源，用户以公用配电变压器供电的，生产专业在分界点处维护低压接入点，营销专业通过营销系统维护箱表关系，在PMS3.0系统台区单线图中绘制计量箱，维护空间地理位置信息，挂接至相应的低压接入点，并由其自动沿布至电网GIS平台。计量箱应挂接至相应的低压接入点，接入点与计量箱为一一对应关系，一个接入点仅允许挂接一只计量箱，计量箱与接入点之间的连接线应横平竖直，不允许出现飞点飞线的情况，且应避免与其他设备图元重叠。

低压接入点应在产权分界点处定位。计量箱的坐标应现场定位，并根据坐标的实际位置在GIS图形上定点，确保计量箱位置准确。其他台区的计量箱不应飞点飞线跨越本台区。

实体计量箱与虚拟计量箱，均应选用“计量箱”图元；计量箱图形应关联至营销系统的实体计量箱、虚拟计量箱台账，确保设备名称与营销系统计量箱的资产编号一致。

6.2.1.2 标准制定阶段

1. 建立基础统一模型标准

以往，只要电网设备发生变更，生产、营销、财务、调度各方都要同步通知、同步审核，费时费力，而且易发生信息不一致。其实，不同专业关注点并不完全相同，很多时候是无效联动，如现场更换一台配电变压器，只要设备名称、电压等级等运行参数不变，运行人员、营销人员并不需要记录这个变更信息，但检修人员、资产管理人员就要记录相关变更。制定模型标准，对配电网设备，逐类明确了生产、营销、调度、财务等专业关注的参数，从电网逻辑拓扑、本体设备两个方面，对原有信息模型进行了区分和优化设计，实际业务涉及相关专业时才进行系统联动，实现各专业准确高效地协同互动。

2. 建立数据同源维护标准

实现跨专业数据关联校核，确保了数据质量，实现生产、营销专业设备数据同源维护、管理、校核，如营销专业中压用户新增业务时，必须与生产专业维护的上级电网设备数据进行电压等级等参数校核，这就像设立了检查站，不但检查自身正确性，和其他专业的数据也要匹配，才能生效，防止边清边治，数据质量难以得到保证。

3. 建立数据质量核校标准

营配贯通管理工作模式下，通过制定相关的营配数据核查模型，有利于将营配集成的相关数据进行量化，通过数据的量化制定工作标准，实时动态跟踪，并建立相关奖惩措施，提高营配贯通工作的效率。

提出营配贯通率与营配合规率两项数据核查的模型及计算方法，实现对营销、PMS系统中公用变电站、公用线路、公用变压器、用户专用线路、用户专用变压器、计量箱等挂接关系的一致性及数据的贯通性进行核校，最终实现共同达百的目标。

营配数据贯通率=［（0.1×变电站数据贯通率）+（0.2×公用线路数据贯通率）+（0.2×公用变压器数据贯通率）+（0.1×专用线路数据贯通率）+（0.2×专用变压器数据贯通率）+（0.2×计量箱数据贯通率）］×100%。

营配数据合规率=［（0.1×变电站数据合规率）+（0.2×公用线路数据合规率）+（0.2×公用变压器数据合规率）+（0.1×专用线路数据合规率）+（0.2×专用变压器数据合规率）+（0.2×计量箱数据合规率）］×100%。

其中，

（1）以核查源端为数据基础分析统计营配一致数据占比情况：

1）变电站、公用线路、公用变压器核查源端为生产，数据取自PMS系统；

2）专用线路、专用变压器、计量箱核查源端为营销，数据取自营销系统。

（2）以核查目标端为数据基础分析统计营配一致数据占比情况：

1）变电站、公用线路、公用变压器核查目标端为营销，数据取自营销系统；

2）专用线路、专用变压器、计量箱核查目标端为生产，数据取自PMS系统。

表6-1详细介绍了营配数据质量核校治理内容。

▼表6-1 营配数据质量核校治理内容

设备类别	贯通率		合规率	
变电站	贯通率计算	（一致变电站数 ÷ PMS变电站总数）×100%	合规率计算	（一致变电站数 ÷ 营销变电站总数）×100%
	取数范围	（1）一致变电站数：设备ID一致且关键属性（名称、电压等级、运行状态）一致的变电站数量； （2）PMS变电站总数：PMS系统中，状态为在运和未投运变电站数量	取数范围	（1）一致变电站数：设备ID一致且关键属性（名称、电压等级、运行状态）一致的变电站数量； （2）营销变电站总数：营销系统中，状态为在运和未投运的变电站数量
公用线路	贯通率计算	（一致公用线路总数 ÷ PMS公用线路总数）×100%	合规率计算	（一致公用线路总数 ÷ 营销公用线路总数）×100%
	取数范围	（1）一致公用线路数：设备ID、关键属性（名称、电压等级、运行状态）及站线关系一致的公用线路数量； （2）PMS公用线路总数：PMS系统中，状态为在运和未投运的公用线路数量	取数范围	（1）一致公用线路数：设备ID、关键属性（名称、电压等级、运行状态）及站线关系一致的公用线路数量； （2）营销公用线路总数：营销系统中，状态为在运和未投运的公用线路数量
公用变压器	贯通率计算	（一致公用变压器数 ÷ PMS公用变压器总数）×100%	合规率计算	（一致公用变压器数 ÷ 营销公用变压器总数）×100%
	取数范围	（1）一致公用变压器数：设备ID、关键属性（名称、电压等级、运行状态）及线变关系一致的公用变压器数量； （2）PMS公用变压器总数：PMS系统中，状态为在运和未投运的公用变压器数量	取数范围	（1）一致公用变压器数：设备ID一致且关键属性（名称、电压等级、运行状态）一致的公用变压器数量； （2）营销公用变压器总数：营销系统中，状态为在运和未投运的公用变压器数量

续表

设备类别	贯通率		合规率	
专用线路	贯通率计算	（一致专用线路数 ÷ 营销专用线路总数）× 100%	合规率计算	（一致专用线路数 ÷ PMS 专用线路总数）× 100%
	取数范围	（1）一致专用线路数：设备 ID、关键属性（名称、运行状态）及站线关系一致的专用线路数量； （2）营销专用线路总数：营销系统中，状态为在运和未投运的专用线路数量	取数范围	（1）一致专用线路数：设备 ID、关键属性（名称、运行状态）及站线关系一致的专用线路数量； （2）PMS 专用线路总数：PMS 系统中，状态为在运和未投运的专用线路数量
专用变压器	贯通率计算	（一致专用变压器数 ÷ 营销专用变压器总数）× 100%	合规率计算	（一致专用变压器数 ÷ PMS 专用变压器总数）× 100%
	取数范围	（1）一致专用变压器数：设备 ID、关键属性（名称、运行状态）及线变关系一致的专用变压器数量； （2）营销专用变压器总数：营销系统中，状态为在运和未投运的专用变压器数量	取数范围	（1）一致专用变压器数：设备 ID、关键属性（名称、运行状态）及线变关系一致的专用变压器数量； （2）PMS 专用变压器总数：PMS 系统中，状态为在运和未投运的专用变压器数量
计量箱	贯通率计算	（一致计量箱数 ÷ 营销计量箱总数）× 100%	合规率计算	（一致计量箱数 ÷ PMS 计量箱总数）× 100%
	取数范围	（1）一致计量箱数：设备 ID、计量箱所属配变关系一致的计量箱数量； （2）营销计量箱总数：营销系统中，挂有表计的计量箱数量	取数范围	（1）一致计量箱数：设备 ID、计量箱所属配变关系一致的计量箱数量； （2）PMS 计量箱总数：PMS 系统中，状态为在运的计量箱数量

6.2.1.3 分析治理阶段

按照营配贯通数据质量的贯通性、一致性和完整性的视角，对营配贯通问题的深层次原因进行深入分析，把问题进行归纳分类，为营配贯通业务相关部门后续的整改提供明确方向；营销、生产一起配合，细化分解任务，责任到人，深挖异常问题产生原因，从源头治理数据质量问题，解决数据源端的问题。

持续开展营配贯通日监测分析与改进，建立日清零、周核查、月通报制度。“日清零”，要求每日针对新增发现的异常数据进行治理，能治理的必须当日完成，不能当日治理的形成原因分析报告，制订治理计划，督促各业务部门按计划完成治理；“周核查”，即每周核查各业务部门是否按治理计划完成数据治理工作，存在哪些困难需协调解决，有哪些建议等；“月通报”，即每月通报营配贯通数据治理的总体情况、营配贯通核校指标完成情况、存在困难、改进建议措施等。同步建立完善的考核制度，及时发现工作存在的不足，并及时采取有效措施加以应对，对于工作推动不力、责任落实不到位的严肃问责，形成工作闭环。

6.2.1.4 巩固提升阶段

建立业务流程驱动下的数据共享机制，实现PDCA持续循环促进，让“数据资产”成为“源端唯一、全局共享”；数据的贯通，实现了配电网供、用电拓扑和动态数据完整、可视，促进业扩报装的贯通、故障报抢修的贯通、停电计划执行的贯通和线损指标统计的贯通，促进了各专业管理水平提升；基于地理图形、空间信息和实时数据，实现停电排程优化、故障研判定位、停电影响分析、业扩方案辅助、可开放容量分析、电源点追溯等一批专业功能，并借助于移动作业、物联网、单兵通信等新技术，提高了智能化的管理水平。

6.2.2 营配流程交互管理体系

营配业扩流程的贯通是营配贯通的体现，实现了生产、营销、调度业务在线高效流转、实时交互、同步流转。在营配贯通管理工作模式下，不同职能部门协同参与业扩报装业务的开展，通过在相关环节实现同步进行、同步处理的方式提高了流程流转的速度；对相关业扩报装环节进行了简化处理，缩减了不必要的处理环节，大大提高了工作效率；也缩短了业扩报装相关流程的流转时间，加快业扩报装的处理速度。

在信息系统支撑的同时，制度标准和规范的建立也必不可少，建立营配贯通流程交互管理体系，通过对供电方案、竣工校验、图形发布、设备变更割接等重点业务环节进行管控，来保证日常业务过程中，各专业、各部门能按相应的时限要求和规范进行，确保营配贯通实施成果长期维持。

6.2.2.1 供电方案交互管理

在业扩流程中，营销部门在供电方案确认后，向生产部门推送供电方案、图形维护需求、带电作业需求。供电方案信息包括供电方案编号、用户名称、核定容量、供电电源（包括电源接入点、设备双重名称、间隔、杆号等信息）、是否有工程等。

生产部门接收营销部门推送的供电方案后，高压业务3个工作日、低压业务1个工作日内反馈是否维护接入点。需维护接入点的，生产部门启动设备变更流程，维护并提供电网设备台账与图形信息。生产部门负责对所管辖电网设备的地理坐标等进行采集，营销部门负责对客户专用线路、专用变压器、计量箱等地理坐标以及挂接关系、箱表关系等进行采集，并分别维护好相应的台账、图形信息。

6.2.2.2 竣工校验交互管理

对于需新增、删除或维护接入点的流程，生产部门维护接入点及以上电网设备台账和图形，完成后反馈至营销系统。并根据有无接入工程进行时限区分，无接入工程的，营销部门受理受电工程竣工检验申请当天通知生产部门，生产部门应在2个工作日内完成接入点图形维护；有接入工程的，自受理接入工程竣工检验申请之日起，生产部门在3个工作日内完成接入点及以上的台账与图形维护。

低压客户批量新装，自受理工程竣工检验申请之日起，生产部门在4个工作日内完成接入点及以上的台账与图形维护。居民“1+1”新装、增容，自接到营销部门推送的供电方案之日起，生产部门应在1个工作日内完成接入点图形维护。

客户销户的，自接收营销部门推送的销户信息起，生产部门应在1个工作日内确认是否需要删除接入点，并完成相应图形维护。

业扩流程在自客户受电工程竣工验收通过，且接入点及以上图形具备条件之日起，营销部门需在1个工作日内完成图形维护；客户销户的，营销部门应在计量装置拆除后1个工作日内删除用户受电设备图形。对接入点以下无用户设备的，将用户销户信息及删除接入点需求推送至生产部门。

6.2.2.3 图形发布交互管理

在业扩过程中，需要流转至调控部门审核图形的，生产部门在提交检修申请单时，同步向调控部门提交异动前后的单线图。调控部门配电网运行方式人员审批检修申请单时同步审核红图，确保现场工作涉及的线路、设备变更与红图一致。审核不通过的，调控部门按审核意见退回。值班调控员在涉及配电变压器及以上接线变更的现场工作结束后，对照红图与现场人员核对接线方式，确认无误后发布单线图，并对相关设备送电，设备台账与图形发布应在投运后1个工作日内完成。

非调度审核范围内的图形，需生产部门绘制图形的，由营销部门通知生产部门发布图形。无需生产部门绘制图形的，由营销部门发布图形，设备台账与图形发布应在投运后1个工作日内完成。

营销、生产部门在同一图形版本内维护设备、图形的，须经双方确认后发布。

6.2.2.4 设备变更和割接交互管理

因电网设备变更、负荷割接等引起电网设备图形与台账变化的，台账与图形的发布应在设备变更或负荷割接后1个工作日内完成，图形发布后，PMS系统将相关信息推送至营销系统。

6.2.3 营配人才培养管理体系

人才兴，则事业兴；人才强，则事业强。现代企业竞争力实际上就是人才的竞争，培养一流人才，铸就一流企业，只有一流的人才才会造就一流的公司。吸收人才对企业的高速、稳定、长期发展至关重要。如果企业不能吸收一流的人才，那么这个企业就不可能成为一流的公司。如果企业缺少吸收人才的机制，那么这个企业慢慢会变成一潭死水。确保一流人才的不断培养加入，是企业跳跃式高速增长的基础。

人才培养是一个长期的过程。很久很久以前，有两个国王，他们的国家总是对峙，总发生战争，各有损伤。于是他们都想发生一次突袭把对方吃掉。突袭的基本条件是有强壮的士兵和日行千里的良驹，但是千兵易得，一马难求。于是两个国家都张贴告示，寻求千里马，并重赏献千里马的人。这时候有一个人牵着一匹马到一个国家要进献，跟那个国王说，我这匹马是五百里马，但是他有成为千里马的素质和条件。只要多加以调教，肯定能成为千里马的。这个国王大怒，我要的是千里马，不是五百里马。把这个人赶了出去，并一顿棍棒。这个人又领着这匹马到了另外一个国家，说了同样的话，那个国王非常高兴的款待了他，并且向他询问如何培养马的要领，把他留下来辅佐自己。

结果可想而知，拥有五百里马的这个国家经过几年的养精蓄锐，培养和发现了好多千里马，八百里马还有五百里马，很快就把另外一个国家消灭了。

长期的人才培养工作，着眼于公司长期的发展规划。企业在人才培养中要考虑“双赢”，激发员工的动力，在对员工职业生涯规划上，组织的首要任务是动态地创造职业发展空间，以空间激发员工自我发展的动力，以机制促进组织与员工和谐发展，以培训作为员工发展的阶梯。在使用人才之后，要加强对人才的培训，人才的成长要经过培训—使用—再培训—再使用的良性循环机制，培训人员要爱盖企业整个面，要因人施教、实事求是，要多层次，宽领域的进行培养，培养出一批能够适应社会发展和企业需求的复合型人才。

倾情建设一个温馨的企业文化环境，以民主生活会、座谈会的方式广开言路，能解决的问题从速解决，一时不能解决的做出解释，最大限度取得谅解和理解，从而形成了人才队伤有话愿说有意见就提、有要求就讲的民主氛围，使他们感受到公司对人才的真情与厚爱，对公司产生强烈的认知和归属感，把自己当作企业的主人，以自己的实绩报效公司。

宝剑锋从磨砺出，梅花香自苦寒来。真正的人才应能从容面对各种环境，在风浪的摔打中提高自己的才能。公司本着提高各类人才综合素质的原则，大力进行各种培训活动，从而提升公司整体活力，并满足员工个人事业发展的需求。轮岗也是公司对人才的一种锻炼，丰富员工的知识面及提高事物转换的认知力，扩大了各种人才展示自我的空间，有利于培养和造就一专多能、一岗多技的人才队伍。

营配贯通工作对国家电网公司具有长期的战略意义，搭建人才培养管控体系，通过员工培训、知识调考等方式，来实现营配专业人员的储备、知识的传承、应用的深化、理念的拓展等，为推动营配专业的协同夯实人员基础。

1. 制定营配人才培训规划

员工培训是提升员工技术、能力水准，达到人与“事”相匹配的有效途径。在人们的印象中，培训就是一群人坐在一件屋子里，讲师在台上讲教条的东西，如果真的是那样就非常可怕了，培训的理念就是要抛除旧观念的东西，挣脱传统思维的约束，将培训与实际业务融合，在实践中将培训与上课这个概念区分开。营配贯通涉及专业性较强，设备的采录、数据的治理、图形的维护等，还存在跨部门、跨专业的业务协同和深化应用，因此在每年制定培训计划时，充分考虑专业知识的基础性、拓展性和实践性，要形成专业知识的互通，培养营配融合的大局意识观。

2. 通过竞赛促进人才培养

每年定期开展营配专业知识竞赛，成立营配专业竞赛组织机构，全面负责竞赛的各项工作。竞赛包含理论和实操环节的考核，在理论知识方面，根据营配专业题库，采用网络大学平台随机抽选试题组卷，进行考试测验，利用平台统计分析功能，对错题进行汇总分析，通过对错题的改错巩固，提升理论水平；在技能实操方面，邀请营配专业专家或厂家人员进行讲解，合理“借用外脑”，不断提升业务技能。通过竞赛选拔出营配专业优秀技能人才，推动营配专业的管理水平和专业队伍素质提升，为今后营配专业工作打下了坚实的基础。

6.2.4 营配基层调研管理体系

调查研究，从字面上来理解，调，就是计算、算度的意思；查，就是寻查、考查的意思；研，就是细磨、审察的意思；究，就是穷尽，追根究底的意思。所以“调查研究”就是指深入实际，对客观事物有计划、有步骤的考察、查究、计算及追根究底，从而了解客观事物的真相，发现客观事物的本质及其规律，以便正确指导改造客观对象的一种实践活动。

没有调查就没有发言权！“调查研究是谋事之基、成事之道”，任何决策离开了调查研究，都将站不住脚、生不了根。大到国家方针政策，小到普通基层，调研已经成为开展工作的重要前提，更是政策制定实施提升实效的重要保障，做好调研工作的重要性不言而喻。

在营配贯通日常工作中，会遇到各式各样的问题，有系统的问题、制度的问题、人员的问题、培训的问题等等，只有构建基层调研管理体系，开展深入营配一线的调研，摸清营配工作的现状，存在的问题，深化应用的需求等，才能有针对性的解决问题，提升营配专业管理水平。

1. 思想转变求“真”

调研工作首先要做到转变思想，将自己的角色定位从“老师”转变成“学生”，将调研从“指导、督查”变成“学习、借鉴”，不能过于形式，走走场，应付应付，而是要在调研过程中主动干更多的活、出更大的力。

2. 调研问题求“实”

调研工作关乎成败，容不得半点造假。有的调研害怕真相过于丑陋，光做表面功夫，以数据表格来应付，但调研的目的就是要看到真相，那些遮掩事实的调研与事实脱节，完全没有参考价值，调研也就失去了原本意义。调研不能脱离实际，弄些虚无缥缈的内容，不能为了结果去调研，更不能去捏造虚假情况，要以事实为依据，以现实为准绳，实事求是，调研发现什么便是什么，看到什么就记录什么，反映最真实的情况，要坚持以问题为导向，摆脱私心杂念，哪些问题需要上级单位协调的，哪些困难需要上级单位解决的，都要及时提出来。

3. 选择对象求“细”

有的调研工作，确实也开展调研了，但却很难看到调研的价值，究其原因是这些调研太过于广泛，停留在表面，都是些“走马观花式”的调研，太粗糙太宽泛，没有把握调研在细节上的关键。调研要讲究全局与局部的统筹，普遍性与特殊性相统一，既要看到全身，还要抓住牛鼻子，不能盲目“抓瞎”，调研时要有目的性、针对性，带着问题、矛盾主动“下沉”，要做到广泛、深入，既要有领导干部，也要有基层普通员工，既要剖析典型也要了解全局，既要注重大局问题也要关注局部细节，通过广泛性的问卷、随访、抽查和针对性的现场查看、定向收集等，确保信息的全面性。通过多层次、多方位、多渠道的认真了解情况、仔细思考对策，为解决问题提供精准有效的建议，提出可行的对策。

4. 分析问题求“准”

发现问题、分析问题、解决问题。只有准确发现问题，找到问题的症结和规律，才能精准的、有效的解决问题。因此，在调研结束后，通过整理收集信息、剔除无效问卷等获得准确的数据样本，并通过专业人员对数据进行综合全面分析，准确发现普遍性的问题，做到透过现象看本质，具体问题具体分析，为后续进行问题解决做奠基。

5. 解决问题求“效”

发现问题后，要通过有效的措施落实才能达到调研的最终目的。要结合调研情况、相关专家建议等提出切实可行建议，确保措施可行有用，确保工作落实到位，达到解决问题的目的和实效，才能提升工作效率和成效。

6.2.5 营配贯通管理评价标准

要系统化开展评价工作，必须建立一套适合的指标体系。营配贯通管理评价体系是根据试点和推广中总结的经验、突出的问题，在工作基础中提炼而出，提供了真实、科学、量化的评判依据，指标评价选取要尽可能减少基层上报和人为干预。为准确反映营配贯通管理的应用情况，应数据形象化、直观化、具体化，通过合理的指标评价体系，形成有序的图表报告。为保证数据质量，应建立数据质量管理平台，通过数据合规性等指标自动检验问题数据，并下发责任单位闭环整改，营配贯通中存在大量的指标可以用来进行工作评价，如表6-2所示，选取时应考虑代表性、典型性和针对性。

▼表6-2　营配贯通管理评价标准

序号	评价项目	指标/任务名称
1	生产设备 营销设备	设备属性完整性、准确性大于99%
		客户信息完整性、准确性大于99%
		拓扑关系一致率大于99%
		图数一致率大于99%
		设备上图率大于99%
		关键属性一致率大于99%
		GIS坐标采集完成率大于99%
		GIS坐标采集准确率大于99%
		不存在飞点飞线

续表

序号	评价项目	指标/任务名称
2	线损管理	在线分线线损异常率
		在线分台区线损异常率
		同期分线线损异常率
		同期分台区线损异常率
3	供电可靠性管理	客户计划停电事件一致性
		客户故障停电事件一致性
4	停电信息通知到户	客户计划停电通知率
		客户故障停电通知率
5	抢修时长	城区到达现场时长
		城区故障修复时长
		郊区到达现场时长
		郊区故障修复时长
6	流程交互	供电方案推送情况
		供电方案答复率
		业扩配套工程情况
		设计文件会审信息推送情况
		联合验收信息推送情况
		里程碑信息推送情况
		契约变更申请信息推送情况

6.3 营配本质贯通管理成效提升

营配本质贯通为公司实现精益化管理提供了切入点，打破了原有的条线管理模式、实现内部相关业务部门的横向协同，提供了平台基础，能够将纵向深入的专业化管理进行整合、规范、统一，发挥出更大效能，是支撑电力企业95598全网全业务集中，提升电力企业精益化管理水平和供电服务能力的必经之路，实现了从“以设备为中心”到“以客户为中心”的转变。

“以客户为中心”的理念不是表层的一句话，而是蕴含了深刻的理念，要求公司上下能意识到客户需求、精准把握客户需求、在公司生产经营当中恰好地响应客户需求、并将响应结果以合适的方式反馈给客户，实现整体的闭环管理。

营配贯通首先便是“以客户为中心”的管理思想和理念的转变，营配贯通建设将客户诉求融入到全公司的日常工作体系中，实现客户需求从营销向规划、基建、生产等专业的快速传递与有效响应。在营配贯通系统开发、设计、应用过程中，便提出了“以我为主”的理念，要求各生产、营销、信息等部门主动参与到系统研发当中，各部门站在生产安全管理、客户精准服务、信息系统研发等不同角度来共同探讨系统建设与应用，在讨论当中交换了思想，也彻底转变了观念。

其次，在营配贯通建设中，通过多种、多次、多方式的培训与讨论，提升了各专业人员对公司生产、营销、基建业务特别是客户服务的熟悉程度，实现了人员“以客户为中心”能力的提升和转变。

此外，在营配贯通建设中，通过围绕以客户为中心的流程与制度的优化、固化，统一、规范了基层供电局业务，贯彻了“管理制度化、制度流程化、流程表单化、表单信息化”的内涵，实现了公司从“以设备为中心”到“以客户为中心”的转变。

通过营配贯通的建设，实现了营销体系和配电网生产体系的高效对接，形成了新的合力，两大体系也在对接过程中得到了强化与升华，有效促进了公司客户服务能力、电网运营能力和价值创造能力等核心能力的提升。

在客户服务能力方面，通过营配贯通的数据工程、电子化移交，业扩辅助功能的应用，采集了客户市场信息和数据，对客户动态进行了行业用电、分时用电的分析，更好掌握了客户需求；基于此，能够按不同客户的需求和预期，分类提供电力产品与服务，提供可靠用电保障，提供满意的客户体验，提高了满足客户需求的能力。

在电网运营能力方面，有大量的数据与精准的拓扑关系支撑，能够超前、科学地分析电力系统安全风险，及时采取有关调控措施，最大限度保证电网安全稳定运行。对自然灾害、突发事件导致的大面积电力中断，能够通过快速复电、应急抢修等应用快速、科学有序地恢复供电。同时，通过对电力设备进行有效地监测、诊断和故障分析评估，及时掌握设备状态，实施有效、经济的设备维护，实现设备可靠、高效运行。

在电网发展能力方面，通过对现有行业客户的用电需求与现状分析，准确预测电力需求发展，使电网规划更具科学性、前瞻性、指导性。

在价值创造能力方面，依托营配贯通的支撑，在企业运营与管理当中，充分挖潜增效，提高经济效益。如通过线损两个比对，减少了电量流失，为企业增收创效；通过停电时间的精益化管理，减少不必要的停电，增加及时送电能力，为企业多供电。

在发展支持能力方面，人才支持能力、技术支撑能力等也都得到了相应的提升，通过信息化提高了管理水平，从传统管理走向现代管理，从凭个人主观意识管理走向规范化管理。同时，营配贯通提高了工作效率，减轻了工作负担，基层员工应用的积极性也越来越高，工作中也越来越离不开营配贯通。

营配贯通自应用以来，基础管理、业务协同、配电网运营、智慧服务和线损管理等五大能力的提升，也促使了公司形象的整体提升。通过先进的信息化手段应用，对核心业务的全过程实行精细控制，促使这些核心业务管理更加注重细节管理，将具体、明确的量化标准渗透到管理的各个环节，保障了核心业务活动始终处于受控状态，为企业精益化管理提供了有力支撑，展现了国家电网公司现代化负责任的央企形象。

6.3.1 基础管理能力的提升

信息化时代，如果没有完整、准确的基础数据支撑，一切应用都只能是空谈。营配数据贯通直接影响到营销业务和检修业务的有机整合，是实现企业供用电服务由专业管理向客户导向转变的必然要求。

建立营配贯通数据质量管理体系，纵向建立数据质量分级管控网络，横向形成营销、生产等跨专业沟通协调机制，全面梳理排查营配贯通数据，理清存量设备的信息，实现“站—线—变—户”关系一一对应，常态化开展增量数据的动态更新，做到问题早发现、原因早分析、方法早测试、成效早验证。

在深入开展营配深化应用的同时，对数据的准确性提出了更高的要求，如停电信息的推送，推送错误，通过客户的投诉反馈，反过来核实客户的站线变关系的准确性，这就形成了良性的循环，进一步夯实了营配数据的基础提升。

6.3.2 业务协同能力的提升

生产专业与营销专业的业务开展相互依赖、相互影响，既包含数据共享，也涉及流程贯通，如：生产专业在开展停电检修、配电网改造等业务时，需要获取客户档案信息；营销专业系统在开展业扩报装和线损计算等业务时，需要获取电网设备台账信息；生产专业在执行停电流程时，需要通过营销专业系统实现停电通知；营销专业在开展业扩报装业务时，需要通过PMS3.0系统完成设备异动信息的录入。

因此，建立营配流程交互协同，在现场勘查、供电方案通知、客户配套工程、营配图数维护等业务环节，完成营销业扩接入、电源并网、运行管理等基础业务流程与PMS系统的全面贯通，构建营配贯通的核心业务能力，深化停电信息通知、故障主动抢修等营配协同典型场景，全面支撑营销与PMS系统营配贯通业务线上流转及协同融合；同时，完善建立配套的制度规范，突出业务节点的作业规范和时效要求，保障了业务协同工作“整体运作最优化、实用效果最大化”。

通过营销与生产的高效协作，实现电网设备信息和客户服务信息的深度

“握手”，营销部门和生产部门的深度“协同”，提高了各部门、各领域工作人员协同的工作意识，使得各专业相互配合，横向协同，提升了服务效率。

6.3.3 配电网运营能力的提升

通过配电网运行状态的实时监测，能够随时地掌握电力客户报装的相关情况以及对应的相关配电网电力设备的负荷情况，及时地开展针对相关电力用户的补点、增容或者电力负荷迁移等相关业务工作；对配电设备重过载、三相不平衡、功率因数不达标等异常工况监测，实行主动派发运检任务单，建立任务单跟踪机制，及时消除配电网运行风险、解决配电网薄弱环节；常态化开展电压质量监测，对配电变压器关口低电压、台区典型低压客户电压越限等情况，针对性开展治理及消缺，通过运维手段和工程手段协同配合治理电压越限，实现主动运检、超前服务，大大提高了配电网的运行可靠性。

通过配电自动化系统建设，实现“遥测、遥信、遥控”以及馈线自动化功能，实时监控感知配电网运行状态、智能预警和自动诊断设备故障情况，解决配电网调度“盲调”问题，快速定位、隔离和自愈控制，提高配电网运行能力。

在营配贯通基础数据准确的基础上，具备智能研判、自动派单、全程跟踪和移动作业功能，集成主、配电网自动化、用采告警和95598客户报修信息，基于电网故障研判模型自动判断故障设备、影响范围，能够综合抢修资源进行抢修快速派单和资源调配，通过移动终端跟踪抢修进度和现场信息，实行“主动式”故障的抢修模式，大大减少了95598报修工单的数量，快速定位故障，缩短抢修服务时限，提高服务水平和服务质量。

6.3.4 智慧服务能力的提升

实施业扩全过程管控，贯通“业务受理、勘查确定方案、接入计划安排、配套工程实施、内配工程实施、装表接电”等全过程管控监督，实时掌控供电方案在跨部门间流转情况和工程的实际进展，以监督推动高压业扩时长有效缩短，着力提升客户办电体验。

通过现有的网架、配电变压器容量、允许最大值电流、已接入用电客户等情况，实施“一键”编制业扩方案，过去需要营销部、生产部等多个部门合作才能完成的工作，现在由营销部大客户经理一个人在办公室就可以“一键”完成初步方案，实现可开放容量下客户经理直接答复供电方案，省去了跑现场时间，也节省了人力，有效缩短了业扩报装流程，零散的居民业扩实现了“当日申请、次日送电”。

构建政企信息联动机制，用户办理用电业务时，能即时调取并共享查验办电主体的资格凭证、房屋使用权凭证、建设项目审查核实（批复）文件、建设工程规划许可证等大数据资源，以确保为客户服务的办电“免提资”；实行房屋与电表联动过户，在委托人房屋过户时，进行用电户联合过户，做到“一窗受理、一次性办结”。

通过营配流程交互协同，实现了营配业务管理方式从粗放式到精细化的转变，夯实了基础业务管理，全面提升了客户服务水平。

6.3.5 线损管理能力的提升

降低线损异常率，精确打击偷窃电线损管理是供电企业运行管理的重要工作，也是一项长期的系统工作，能减少输、变、配、供各环节“跑、冒、滴、漏”，能为企业增收创效带来巨大收益。

通过营配贯通提供的准确的“站—线—变—户”信息，基于用电信息采集系统，能够进行线损分区域、分电压、分线路、分台区的每日准确计算和比对，解决了以往因部分“线—变—户”拓扑关系不清，不得不对线路或台区合并计算线损的问题，并能够及时发现客户窃电、计量故障差错等问题，同时也能够反应“线—变—户”档案关系错误，并反过来进一步提高“站—线—变—户”信息的准确性。

建成基于准实时线路拓扑、电量信息联动的分线分台片统计线损系统，能够依据准实时线路或台区拓扑，集成变电站线路关口电量和公用配电变压器、用户表计采集电量，实现分线或分台区的计算配电网线路或台区的实际损耗；开展配电网理论线损计算，智能研判线损异常原因，为技术和管理降损提供了量化分析的依据，通过数据分析比对及时纠正异常数据，辅助台区经理和专业人员现场治理。

依据营配贯通数据成果建立大数据分析模型，基于线路和台区图、电压、电流、功率、空间分布、同期线损监测等数据，研究建立区域、线路、台区窃电风险预警模型和嫌疑用户预警分析模型，拓展窃电、违约用电排查方法和甄别技术，充分应用“警电合作”打击窃电和违约用电行动，为企业提升了良好的经济效益、管理效益、社会效益和廉政效益。

6.4 营配贯通深化应用评价标准

以营配为基础、客户为导向，强化营配深化应用管理，减轻基层单位的工作压力，提升95598、“网上国网”客户诉求的研判能力，持续提升供电可靠性、获得电力和优质服务水平，以供电服务指挥系统和用电信息采集系统为支撑，深化营配贯通成果应用，设立提升评价指标，加强停电及故障精准研判能力建设，实现故障精准研判、信息主动告知、过程实时可见，持续提升客户满意度。

1. 停电信息关联到户率

计算方法：

停电信息关联到户率=实现关联到户的停电信息数 ÷ 停电信息总数 ×100%

指标定义：实现关联到户的停电信息数指统计期内通过供电服务指挥系统向95598业务支持系统及“网上国网”及时报送停电设备（配电变压器）及用户清单完整的停电信息数量。其中：停电影响设备（配电变压器）的设备名称、设备标识、设备类型均不为空，且营销业务应用系统可自动关联对应档案；停电影响用户清单中用户名称、用户编码存在有效对应档案，在停

（送）电信息首次报送时，用户状态应为正常用电用户。

2. 营配调数据质量合格率

计算方法：

营配调数据质量合格率=营配调增量数据维护及时率×0.6+营配调存量数据质量合格率×0.4

指标定义：

营配调增量数据维护及时率=66或35kV变电站空间拓扑维护率×0.1×100%+10kV线路空间拓扑维护率×0.1×100%+10kV配电变压器空间拓扑维护率×0.3×100%+低压用户箱表关系维护率×0.5×100%

营配调存量数据质量合格率=1-（数据质量稽核规则核查的异常数据/总用户数×核查规则涉及的设备条目数）×100%

其中，66或35kV变电站、10kV线路、10kV配电变压器空间拓扑维护率是指统计期内高压用户业扩报装流程归档前完成电网及客户的变电站、线路、配电变压器的台账、图形维护，并生成有效的变电站—线路—配电变压器关系，且在营销业务应用、设备资产精益化管理、电网地理信息平台中上述信息一致的设备数量。低压用户箱表关系维护是指统计期内低压用户业扩报装、计量装拆等业务流程归档前完成电能表与计量箱关系建立、变更与拆除的电能表数量。

3. 台区及以上停电信息上报及时率

计算方法：

台区及以上停电事件上报及时率=及时上报的台区及以上停电事件数量÷台区及以上停电事件×100%

指标定义：及时上报的台区及以上停电事件数量是指统计期内，调度自动化、配电自动化、用电信息采集等系统在台区及以上设备停电后10min内通过供电服务指挥系统将停电信息（含专用变压器）上传95598业务支持系统及“网上国网”的数量。

4. 故障类停电信息精准通知到户率

计算方法：

故障类停电信息精准通知到户率=主动通知用户停电的信息户数÷故障

停电影响的用户总数 ×100%

指标定义：主动通知用户故障类停电的信息户数是指统计期内通过“网上国网”、短信等线上渠道通知故障停电用户数，通过多种渠道重复通知的，应合并计算为一次。停电影响的用户总数以省公司推送至95598业务支持系统及“网上国网”的故障停电信息用户影响清单为准。

5.95598系统调用采集系统数据成功率

计算方法：

95598系统调用采集系统数据成功率=（电能示值调用成功数+掉电记录调用成功数+继电器状态透抄成功数）÷电表功能调用总数 ×100%

指标定义：95598系统调用采集系统数据成功率是指统计期内国网客服中心通过及“网上国网”调用省公司用采数据成功数占总调用数量的比例。其中电表无停电记录部分数据不纳入掉电记录调用统计，因电表停电无法召测继电器状态部分数据不纳入电表继电器状态调用统计，同一次调用发起时重复调用按单次计算。

6.“网上国网”抢修进程可视化率

计算方法：

“网上国网”抢修进程可视化率=“网上国网”抢修进程可视化工单数量÷“网上国网”绑定用户故障工单总数 ×100%

指标定义：抢修进程可视化工单数量是指统计期内“网上国网”绑定用户发起的报修工单，省公司抢修人员通过应用配电网抢修App接单，将抢修人员、抢修进度、抢修路径等信息同步至95598业务支持系统及“网上国网”的抢修工单数量，包括10kV及以下需到场处理的配电网故障抢修、计量故障抢修、费控停（复）电作业工单数量。

7.95598与供电服务指挥系统低压停电信息融合应用覆盖率

计算方法：

95598与供电服务指挥系统低压停电信息融合应用覆盖率=低压停电分析率 ×0.4+低压停电研判覆盖率 ×0.6

指标定义：

低压停电分析率=地市公司同步低压停电信息及主动抢修关联用户数÷95598受理侧派发低压故障工单数量×100%

地市公司同步低压停电信息及主动抢修关联用户数是指统计周期内通过供电服务指挥系统向95598同步的低压停电信息及主动抢修所涉及的关联用户清单数量；95598受理侧派发低压故障工单数量是指95598侧受理的低压故障类工单数量。

低压停电研判覆盖率=低压停电信息及主动抢修关联到户覆盖县区数÷95598收集侧派发低压故障工单涉及县区数×100%

低压停电信息及主动抢修关联到户覆盖县区数是指供电服务指挥系统向95598同步低压停电信息及主动抢修数据的所在区县数量；95598收集侧派发低压故障工单涉及县区数是指95598侧受理的低压故障类工单数量所在的区县数量。

6.5 营配本质贯通深化应用提升

以营配为基础、客户为导向，强化营配深化应用管理，减轻基层单位的工作压力，提升95598、“网上国网”客户诉求的研判能力，持续提升供电可靠性、获得电力和优质服务水平，以供电服务指挥系统和用电信息采集系统为支撑，深化营配贯通成果应用，设立提升管控指标，在方案辅助编制、停电信息通知、主动抢修、图上作业和指尖服务上实现提升。

6.5.1 方案编制能力的提升

通过基于企业中台的供电方案辅助编制，采用了信息化、数字化、智能化的手段，有效解决目前供电方案编制中存在的环节多流程慢、涉及数据来源多且复杂易出错、研判依赖人工耗时长、过程监管不充分、客户满意度不高等诸多问题。

在全省实际业务开展过程中，基本以现场勘察和集中会审为主，各专业系统相互独立，缺少信息化集成手段，通过供电方案辅助编制，可有效提升现场勘察辅助能力，穿透内外网实现在线查询线路、设备、台区等勘察申请资料信息，现场提交勘察结果，上传图像、视频资料，实现远程审核现场勘察，并基于Web系统实现在线方案编制、审核，所有资料信息化且有效关联，使系统各部门各级用户“足不出户”就能完成供电方案会签，既有效减少了线下环节，提高了工作效率，又为流程提供了数据佐证，避免“盲签”的风险，同时也取消了在多专业系统和多份纸质资料中交叉核实比对的环节，降低出错概率超过70%，准确性极大的提高。

实现根据预先设定的规则，自动生成包括电源方案、资产分界点自动匹配、受电方案等内容的供电方案，极大的减轻用户分析数据的工作量，把“问答题”变成了“选择题”，为用户智能化的进行合理推荐，使原来耗时2小时以上的工作环节缩短到3min，提升工作效率超过80%，同时将原有的非结构化保存的历史供电方案等信息数字化，为后续实现“电网一张图”等应用扩展提供了有力的数据支撑。

6.5.2 停电通知能力的提升

以往停电信息推送的主要方式有：①查看传统媒体提前7天的停电通知，如电视、报纸、物业贴告示这些；②需要客户绑定并关注微信公众号；③客户自行拨打电力热线电话询问。这些方式做不到精准、实时、全覆盖，而如果因一个小区停电而全城普发信息，对于停电范围内客户的感知度较弱，对不相关客户来说是则是干扰，还可能引发投诉风险。

在营配贯通后，深化应用“停电信息主动推送”，停电计划流程在原来以自我为中心的工作模式，转变为基于营配贯通的精益化协同停电模式，是提升客户用电感知的重要举措，实现对停电区域用户实现精准匹配，有效地提升了停电信息推送的准确性和及时性，有效缓解了用户无法准确获取停送电信息的焦急情绪。

通过深化营配贯通成果应用，在停电信息编译过程中，供电服务指挥系统汇总调度侧、生产侧和营销侧各自管理范围内的停送电信息，结合电网一张图拓扑关系，以停电分析最小单元“户”为标准，实现分段线路、单台配变等设备停电报送功能，利用营配调贯通“站—线—变—户”关系和用户结构化地址信息，实现设备供电范围的自动归集，按台区开展客户停电影响范围精准分析，通过“网上国网”、短信、微信等渠道，将停电信息精准的、点对点的通知到户，既缩短了通知时间，也实现了对客户更贴心的优质服务。

6.5.3 主动抢修能力的提升

为了减少故障停电的时间和次数，提升故障抢修效率，提高供电可靠性，推行网格化抢修模式，实现配电网运行工况全过程监测和故障智能研判。

充分利用用电信息采集系统、台区融合终端等现有资源进行整合，台区以上通过配电自动化系统实时感知停电，台区及以下通过用电信息采集和营销业务应用系统感知停电，所有数据统一汇入供电服务指挥系统进行综合研判，实现客户停电信息的主动感知。

同时针对单户故障、计量箱故障、低压支线故障等中低压故障，主动派发抢修工单至95598及“网上国网”，在“网上国网”、95598中对主动抢修进程进行实时展示，进一步精细化抢修管理，提升供电服务水平。

依托供电服务指挥系统，可实现对全市工单情况的监控，让工单流程可视化，供电服务指挥人员可通过供电服务指挥系统的可视化应用的实时定位功能合理调配抢修资源，强化过程管控，避免抢修超时情况发生。

客户报修后通过“网上国网”能实时查看抢修人员的行车轨迹和抢修进度，体验感极强。办电进程、停电信息、抢修进度、电量电费等业务可视化服务提升了客户的参与度，让供电服务“看得见、摸得着”。

建立优化抢修工作机制，开展“同步感知停电、提前研判范围、主动现场抢修”的工作模式，实现“故障感知零死角、精准研判零时差、客户服务零距离”，推动抢修效率和服务满意率“双提升”。

6.5.4 图上作业能力的提升

通过“营销服务一张图”的建设，完成基础地图、电网资源、客户资源三类49项服务能力的提升和构建，包括地图展示与操作、计算与导航、网架展示、设备查询与分析、服务资源维护与查询等，接入发电、电网、营销、客户四大类30余种类型资源，清晰、动态地反映出客户与电网之间的关系。

打通资源数据增量维护与地图图层实时发布流程，实现营销、客户、发电等客户服务资源和外部环境数据的融合汇聚，为营销图形应用提供了便捷、多样的可视化支撑，实现业扩报装、车辆管理、停电管理、客户服务等营销业务开展，支撑营销普查、网格化管理、数字化供电所、客户服务等方面的地图场景建设。提供标准化的资源专题图层调用服务及组件，促进了图上作业和可视化工单驱动的落地，为图上办电、图上报修、图上停电、图上充电等场景奠定基础，简化现场作业流程。

通过对营销资源和业务信息的可视化展示和全过程实时动态跟踪，打造以地图为中心的营销作业图上可视化体验，实现工作提质增效，提升供电服务品质，实现营配工作效率、效益双提升。

6.5.5 指尖服务能力的提升

“网上国网”App是国家电网公司官方统一线上服务入口，集“住宅、电动车、店铺、企事业、新能源”五大使用场景，提供高低压居民新装、企业新装，充电桩报装、线上办电、电费交纳、故障报修等服务，实现了线下服务向线上服务转变，客户通过使用“网上国网”App，实现了“一网通办”“一次都不跑”，减少了线下跑营业厅的时间，提升了用电便捷度。

“网上国网”App内“服务记录”模块为客户实时呈现办电的进程，实现工程物流式查看，了解业扩的工程进度、办电时间节点、客户经理信息等，一览无余，客户还可在线对所有办电环节进行满意度评价。

“网上国网”App提前7天会向绑定用户推送计划停电的信息，用户收到停电信息后，可以第一时间对生产生活进行安排。在“网上国网”App内，打开停电信息详情页面，可以查看包含停电时间、停电类型、停电原因、停电范围、停电线路和停电台区等停电相关信息。

“网上国网”App的故障报修功能，可以实现用电客户在线申请故障报修，支持拍照、录像上传，通过对报修地址的精准定位，让抢修时间更短；同时，通过“网上国网”、95598热线或其他渠道反映的电力故障报修，都可在“网上国网”实时查看抢修人员位置、抢修进度，让抢修过程更直观。

通过“网上国网”App的多元化应用，不断为客户提供优质的服务，提升客户的用电满意度，让用电客户乐享指尖上便捷的用电服务。

参考文献

[1]叶鹏，黄万里，王蕾蕾.营配调贯通与台区同期线损精益化管理的业务协同探索[J].技术与市场,2020,27(10):141-142+144.

[2]戴苏，戴锅桃.营配贯通台区线损异常数据治理分析[J].电力研究,2018,8(上):224.

[3]梁波，刘洋.供电所数字化转型之新技术应用（待续）[J].农村电工，2022，(03)：52-53.

[4]杨俊，刘昂，章英歌.打造“数字化”供电所 为企业发展赋能[J].大众用电，2021，36(11)：52-53.

[5]刘旭鹏，万鹏，张小雪，等.工单驱动 网格赋能 打造数字化站所新格局[J].大众用电，2021，36(11)：16-18.

[6]王皓，范军，吴珂佳，等.优化电力营商环境的问题及策略研究[J].重庆电力高等专科学校学报，2021，26(05)：31-33.